W0314158

DEUTSCH

4. Klasse

Manfred Hahn
Georg Kick
Martina Külling
Susanne Schmitt

mit MP3-CD

STARK

Bildnachweis
Umschlagbild: Katrin Merle
Farbige Innenillustrationen: Katrin Merle
Illustrationen auf S. 46, 47, 52, 54, 58, 59, 60, 66, 71, 82, 84: Katrin Kerbusch
Schwarz-Weiß-Illustrationen: Claudia Bichler
S. 3: © Redaktion Stark Verlag
S. 12: Zug: © Deutsche Bahn AG/Jürgen Hörstel; Wolken: © Robby J. Michie of Australia/sxc.hu; Sonnenuntergang: © Rinske Blok/sxc.hu; Flugzeug: © Don Cook/sxc.hu
S. 13: Küste: © Liana Bitoli/sxc.hu; Dampfer: © Phil Kelsch/sxc.hu; Papagei: © Robin LLATSER – Fotolia.com
S. 15: © ExQuisine – Fotolia.com
S. 16: © Tony Campbell – Fotolia.com
S. 18: © Thomas Riehle/mfi Essen
S. 20: © neckermann.de GmbH
S. 21: © Suprijono Suharjoto/Dreamstime.com
S. 26: Mozart: Gemälde von Otto Erich (1965) *Mozart: A Documentary Biography.* Stanford: Stanford University Press; Vivaldi: Gemälde von François Morellon de La Cave; Museo internazionale e biblioteca della musica (Bologna)
S. 27: Smetana: Gemälde von Geskel Saloman 1854; http://commons.wikimedia.org/wiki/File:Smetana1854portrait.jpg; public domain; Saint-Saëns: getty images/Hulton Archive
S. 29: © Rade Saptovic/sxc.hu
S. 34: © Pascal Reusch/Wikimedia; http://commons.wikimedia.org/wiki/File:Burg_Eltz_5.JPG; lizenziert gem. CC Attribution-Share Alike 3.0 Unported
S. 49: © Olga Demchishina/istockphoto.com
S. 56: © Eric Isselée – Fotolia.com
S. 57: © Gino Santa Maria – Fotolia.com
S. 62: © Irina Rubanova/istockphoto.com
S. 64: © Andrew Howe/istockphoto.com
S. 65: © Farinoza – Fotolia.com
S. 81: © ulrikeniebuhr – Fotolia.com
S. 87: © Aus: e.o. plauen „Vater und Sohn“ in Gesamtausgabe Erich Ohser © Südverlag GmbH, Konstanz, 2000
S. 90: © http://commons.wikimedia.org/wiki/File:Tulip_-_floriade_canberra.jpg; Diese Datei wurde unter der GNU Free Documentation License, Version 1.2 veröffentlicht.
S. 96, 102: Claudia Bichler
S. 111: Igel eingerollt: © Piotr Zadlo/sxc.hu; Igel auf Waage: © Ulrich Kestler, www.ulrich-kestler.de; Igel im Gras: © Vitezslav Valka/sxc.hu
S. 115, 116: © Familie Fox, www.hermann-heinrich.net
S. 127: © Alberto Pérez Veiga/Dreamstime.com
S. 143: © anankkml – Fotolia.com

© 2017 Stark Verlag GmbH
www.stark-verlag.de
1. Auflage 2014

Das Werk und alle seine Bestandteile sind urheberrechtlich geschützt. Jede vollständige oder teilweise Vervielfältigung, Verbreitung und Veröffentlichung bedarf der ausdrücklichen Genehmigung des Verlages. Dies gilt insbesondere für Vervielfältigungen, Mikroverfilmungen sowie die Speicherung und Verarbeitung in elektronischen Systemen.

Inhalt

Lesen

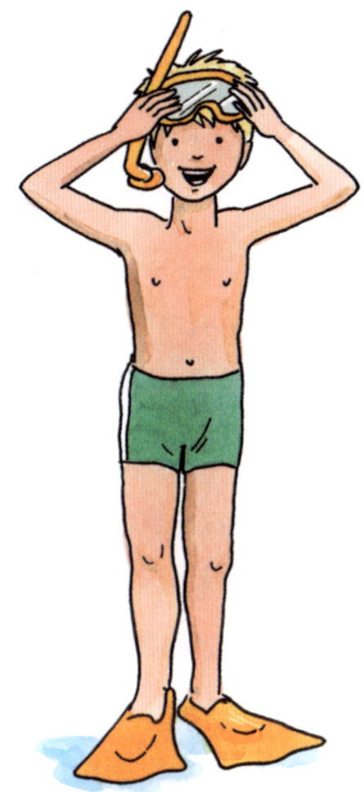

Sprachbetrachtung

Übertritt in weiterführende Schulen

Lernzielkontrollen

MP3-CD

Autoren: Manfred Hahn (Lesen); Martina Külling (Sprachbetrachtung);
Georg Kick (Übertritt); Susanne Schmitt (Lernzielkontrollen)

Vorwort

Liebe Eltern,

mit diesem Buch kann Ihr Kind den gesamten Stoff der 4. Jahrgangsstufe im Fach Deutsch üben und wiederholen und es kann sich auf den Übertritt in eine weiterführende Schule vorbereiten.

Im ersten Teil „Lesen“ trainiert Ihr Kind seine **Lesefähigkeit** und vertieft wichtige Lesestrategien. Im zweiten Teil „Sprachbetrachtung“ wird der **Grammatikstoff** anschaulich erklärt und intensiv geübt. Der dritte Teil „Übertritt in weiterführende Schulen“ enthält 6 Blöcke mit gemischten Aufgaben, die gezielt zur Vorbereitung auf den **Übertritt** genutzt werden können. Der vierte Teil „Lernzielkontrollen“ gibt Ihrem Kind die Möglichkeit zu überprüfen, wie sicher es in den Bereichen Lesen, Grammatik, Rechtschreibung und Texte verfassen ist: Nach jeder der 11 **Lernzielkontrollen** findet sich ein Auswertungsvorschlag.

Zu allen vier Teilen gibt es farbig hinterlegte **Tippseiten** mit Empfehlungen für weiterführendes Üben. Blaue **Infokästen** fassen das Wichtigste zu einem Thema zusammen und **Tippzettel** helfen an kniffligen Stellen weiter.

Das herausnehmbare **Lösungsheft** enthält schülergerechte Lösungen und Musteraufsätze sowie Diktattexte und Nacherzählung von der beiliegenden **MP3-CD**.

Je selbstständiger Ihr Kind mit diesem Buch arbeitet, umso leichter wird ihm das zukünftige Lernen fallen.

Viel Spaß wünschen
die Autoren

Lesen – Tipps zum Üben

Im ersten Teil „Lesen“ wird das sinnentnehmende Lesen längerer Texte geübt. Mit vielfältigen Übungsformen kann Ihr Kind trainieren, wie man sowohl erzählende als auch Sach- und Gebrauchstexte erschließt. Dabei wird genaues Lesen gefordert – eine ideale Konzentrationsübung.

Täglicher Umgang mit Texten aller Art

- Besonders, wenn Sie selbst regelmäßig lesen, wird Ihr Kind dieses Verhalten als selbstverständlich betrachten und sich Informationen aus Büchern, Zeitungen, Zeitschriften oder aus dem Internet holen und/oder fiktionale Texte zur Unterhaltung lesen.
- Auch E-Mails und SMS sind zum Lesen da. Und falls Sie gemeinsam online ein Buch bestellen wollen, lassen Sie Ihr Kind herausfinden, wie das geht.

Über Texte sprechen

- Ihr Kind hat ein Buch oder eine Geschichte gelesen? Lassen Sie sich den Inhalt erzählen.
- Was hat dem Kind an dem Buch oder der Geschichte gefallen bzw. nicht gefallen? Lassen Sie das Kind seine Meinung begründen, ohne sie zu kritisieren.
- Was hätte Ihr Kind anstelle der Hauptperson getan oder unterlassen?
- Wenn Ihr Kind ein Sachbuch oder einen Artikel gelesen hat: Welche Informationen waren neu? War etwas Überraschendes dabei, was das Kind noch nicht wusste?
- Würde Ihr Kind anderen Kindern oder Ihnen empfehlen, das Buch/die Geschichte/den Artikel zu lesen? Warum bzw. warum nicht?

Auswahl von Lektüre

- Am besten lassen Sie Ihr Kind selbst auswählen, was es lesen möchte. Auch wenn Ihnen das prämierte Kinderbuch lieber wäre als z. B. die Graphic Novels, die Ihr Nachwuchs so liebt.
- Und wenn Sie es trotzdem nicht lassen können, Empfehlungen zu geben: Geeigneten Lesestoff finden Sie unter www.stiftunglesen.de/service/leseempfehlungen/.

In der Bücherei – Erste Aufwärmübungen zum Einlesen

1 Anna hat eine E-Mail bekommen

Anna schaltet ihren Computer ein und liest folgende E-Mail:

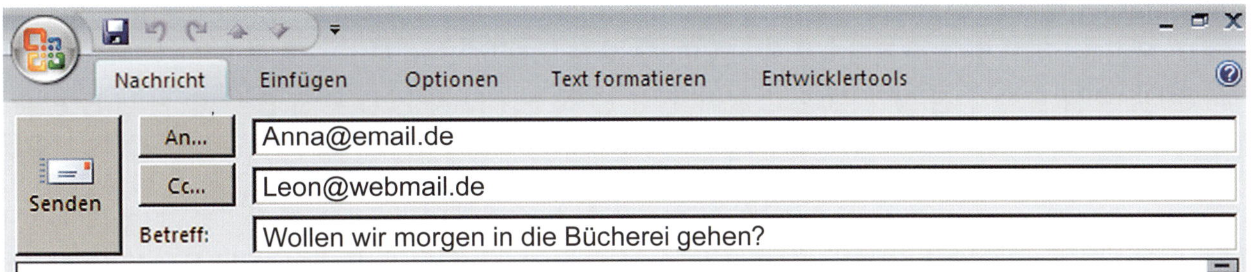

Hallo Anna!
Ich gehe morgen Nachmittag in die Stadtbücherei, um meine au⌐geliehenen Bücher zurückzubringen. Besonders toll f⌐nde ich das Buch über die Wiking⌐r. Das möchte ich dir un⌐edingt empfehlen. Auch die ander⌐n Bücher sind spanne⌐d. Das Buch mit den Detektivgeschichten habe ich gleich zweimal gelesen.
Auf jeden ⌐all ⌐ber werde ich einige Büc⌐er⌐ zum Lesen mit nach Hause nehmen.
Ich bin schon neugie⌐ig, ob es ⌐uch wieder Neuerscheinungen in der Sta⌐tbücherei gibt.
⌐asst es dir, wenn wir uns morgen so gegen 14.30 Uhr vor der Büchere⌐ treffen?
Wenn wir fertig ⌐ind, könnten wir ja noch ein Eis essen.
Ci⌐o, bis morgen!
Leon

In die Mail hat sich ein Virus eingeschlichen. Einige Buchstaben sind verloren gegangen. Setze die verlorenen Buchstaben der Reihe nach in die Lösungskästchen ein.

Im ersten Abschnitt erfährst du, wie viele Bücher Leon ausgeliehen hat:

Im zweiten Abschnitt erfährst du, was Anna zur Stadtbücherei mitbringt:

Im dritten Abschnitt erfährst du, wie die Eisdiele heißt, in der die beiden ein Eis essen:

Anna und Leon sind Leseratten. Welche Bücher lesen sie am liebsten?
Blättere einfach auf die nächste Seite um!

2 In der Bücherei

a Lies den Text genau und trenne in den ersten drei Abschnitten die einzelnen Wörter mit senkrechten Strichen ab.
Der vierte Abschnitt hat den Rückwärtsgang eingeschaltet.
Diese Wörter musst du von hinten nach vorne lesen.

A n n a u n d L e o n h a b e n s i c h i n d e r S t a d t b ü c h e r e i g e
t r o f f e n . N a c h d e m L e o n s e i n e B ü c h e r z u r ü c k g e g e b e
n h a t , s c h m ö k e r n d i e b e i d e n i n d e r B ü c h e r e i h e r u m .

E R F R E U T E N T D E C K T L E O N E I N N E U E S B U C H Ü B E R D
A S W E L T A L L , D A S E R S O F O R T M I T N I M M T . L E O N L I E S
T N I C H T N U R W I S S E N S C H A F T L I C H E B Ü C H E R . E R I S
T E I N F A N V O N D E T E K T I V G E S C H I C H T E N . D E S H A L B
L E I H T E R S I C H Z W E I B Ä N D E A U S D E R R E I H E „ K O M M I
S S A R W E L B E R L Ö S T D I E S C H W E R S T E N F Ä L L E “ A U S .

Ann agefal lenBü cherü berPfe rdeg anzbes ond ers. Sieen tdeckt dreiBü che rüb erPfer de, diesies icha usleiht. DaA nnaimU nte rricht ger ade dieR ömerdu rchnim mt, nim mtsi eau chno cheinBu chm itdem Tit el„Ro m – E inere icheVe rgan gen heit“mit. „Je tztsi ndwi rwied er füre ineWo chem itLe ses toffve rso rgt“, fre uts ichL eon.
Nach der Bücherei gehen die beiden ins Eiscafé und bestellen sich einen großen Eisbecher. Den haben sie sich verdient.

b Vergleiche die folgenden Sätze mit dem Text „In der Bücherei.“
Ein Wort ist in jedem Satz anders. Markiere das Wort farbig.

Anna und Leon haben sich in der Apotheke getroffen.
Er ist kein Fan von Detektivgeschichten.
Den haben sie sich gekauft.
Anna gefallen Bücher über Vögel ganz besonders.
Nachdem Leon seine Bücher zurückgegeben hat, schmökern die zwei in der Bücherei herum.
Sie findet drei Bücher über Pferde, die sie sich ausleiht.
Nach der Bücherei gehen die beiden ins Eiscafé und bestellen sich einen riesigen Eisbecher.
Leon liest nicht einmal wissenschaftliche Bücher.
Erfreut entdeckt Leon ein neues Buch über das Weltall, das er schnell mitnimmt.

Streiche nun im Kasten alle oben markierten Wörter durch.

gekauft	Ich	Apotheke	kein	bin
zwei	schon	ein	findet	Vögel
guter	riesigen	einmal	Leser	schnell

Lies die übrig gebliebenen Wörter der Reihe nach und schreibe sie auf die Zeile.
Freue dich über das Ergebnis!

____

3 Den Texten auf die Spur kommen

a Hier liest du vier verschiedene Texte. Unterstreiche die Zeilen, die zusammengehören, mit der vorgegebenen Farbe.

1 Sterne sind unvorstellbar riesige glühende Kugeln aus Gas. Sie
2 Schokoriegel mit dem traumhaften Schmelzüberzug sind
3 Der Rabe saß auf einem Baum und wollte sich eben den
4 Endlich ist die kalte Jahreszeit vorbei. Die Bäume treiben
5 heute im Angebot. Überzeugen Sie sich, geschätzte Kundinnen und
6 erstrecken sich über den gesamten Weltraum. Einige von ihnen
7 Käse schmecken lassen, den er dem Bauern in seinem Hof vom
8 üppig ihre Blätter aus. Die Wiesen beginnen zu blühen und die Bäume
9 sind Millionen Jahre, andere wieder etliche Milliarden Jahre alt.
10 Tisch gestohlen hatte. Plötzlich sah er unter sich im Gras den Fuchs
11 werden dichter. In ihrem Schutz können viele Vögel mit dem Brüten
12 Kunden, von dem süßen Hochgenuss. Der neue Schokoriegel im
13 daherschleichen. Der blickte zum Raben hinauf und sprach ihn mit
14 Sterne sind so weit von unserer Erde entfernt, dass wir sie nur als
15 Fünferpack ist nur heute so billig wie geschenkt. Beachten Sie bitte
16 beginnen. Die Tage werden spürbar länger, die Sonne steht höher
17 auch unsere Sonderangebote bei den Waschmitteln. Das superstarke
18 am Himmel. Es ist wieder angenehm warm draußen. Auch die Menschen
19 schmeichelnden Worten an: „Sei gegrüßt, Meister Rabe! Ihr seht gut
20 winzige Lichtpunkte am Nachthimmel erkennen können. Sternbilder
21 kommen aus ihren Häusern und machen ausgiebige Spaziergänge am
22 Waschmichfix gibt es in dieser Woche noch zum Traumsparpreis.
23 aus – wie ein Adler im Sommerwind. Könnt ich nur noch eure Stimme
24 sind kleine Muster von Sternen. Jedes davon hat einen eigenen
25 nahe gelegenen See oder in den umliegenden Wäldern. Die Natur ist
26 Namen, zum Beispiel: der Große Wagen. Die größten Sterne sind die
27 hören!" Dem Raben gefiel diese Schmeichelei. Um seine Stimme ertönen
28 Denken Sie auch an die bevorstehenden Feiertage. So manches
29 erwacht und nichts erinnert an die Kälte des vergangenen Winters.
30 Schnäppchen können Sie in der Lebensmittelabteilung machen. Nutzen
31 zu lassen, sperrte er den Schnabel auf. Dabei fiel ihm der Käse auf
32 Supergiganten. So ist der Stern Antares 700-mal so groß wie die Sonne.
33 den Boden. Und das wiederum hatte der schlaue Fuchs beabsichtigt.
34 Sie unsere großzügigen, kostenlosen Parkplätze vor dem Haus.
35 Ein schönes Jahr liegt vor uns und bis zum Winter ist es noch weit.
36 Keiner weiß genau, wie viele Sterne es im unendlichen Universum gibt.

b Markiere in den unten stehenden Kästen

- alle Zeilennummern mit Kennbuchstaben **blau**, die zum Text „Sterne sind unvorstellbar …" gehören.
- alle Zeilennummern mit Kennbuchstaben **gelb**, die zu „Schokoriegel mit dem traumhaften Schmelzüberzug …" gehören.
- alle Zeilennummern mit Kennbuchstaben **rot**, die zum Text „Der Rabe saß auf einem Baum …" gehören.
- alle Zeilennummern mit Kennbuchstaben **grün**, die zum Text „Endlich ist die kalte Jahreszeit vorbei …" gehören.

Zeilennummer	1	2	3	4	5	6	7	8	9	10	11	12
Kennbuchstabe	B	L	B	B	E	U	U	U	C	C	C	S

Zeilennummer	13	14	15	16	17	18	19	20	21	22	23	24
Kennbuchstabe	H	H	E	H	R	T	S	S	I	A	T	E

Zeilennummer	25	26	27	28	29	30	31	32	33	34	35	36
Kennbuchstabe	T	I	A	T	E	T	B	T	E	E	L	E

c Alle Lösungswörter haben mit dem Lesen zu tun. Schreibe sie auf.

blau: ______________________ **gelb:** ______________________

rot: ______________________ **grün:** ______________________

4 Ein ganz kleiner Unterschied

Vergleiche die folgenden Zeilen mit den entsprechenden Zeilen der Aufgabe 3 a. Unterstreiche jeweils das Wort, das sich geändert hat.

schmeichelnden Worten an: „Sei du gegrüßt, Meister Rabe! Ihr seht gut
bist im Angebot. Überzeugen Sie sich, geschätzte Kundinnen und
zu lassen, sperrte er den Schnabel auf. Dabei fiel ihm ein Käse auf
Sterne sind so weit von guter Erde entfernt, dass wir sie nur als
Endlich ist die kalte Jahreszeit vorbei. Die Leser treiben

Trage die unterstrichenen Wörter in Großbuchstaben in den Lösungskasten ein.

Lösung: [ ][ ] [ ][ ][ ][ ] [ ][ ][ ]
[ ][ ][ ][ ][ ] [ ][ ][ ][ ][ ].

Anna und Leon auf Schnipseljagd – Texte wortgenau lesen

Zum Thema „Wüste“ hält Anna morgen in der Klasse einen Vortrag.
Stolz liest sie ihre Arbeit noch einmal durch:

Die Wüste lebt

Der Wind weht durch den Wüstensand und schichtet den Sand zu Hügeln auf. Diese Hügel nennt man Dünen. Wenn der Wind ständig seine Richtung ändert, dann haben die Dünen keine besondere Form. Weht der Wind aber hauptsächlich aus einer Richtung, dann entstehen häufig Dünen, die die Form einer Mondsichel haben. Diese Dünen haben den Namen Sicheldünen oder Barchan.

Es kommt vor, dass die wandernden Dünen wertvolles Ackerland unter sich begraben. Um das Wandern der Dünen aufzuhalten, pflanzen die Menschen Bäume und Gräser. Sie sollen den Sand verankern.

Ungefähr ein Fünftel aller Wüsten der Erde ist mit Sand bedeckt. Es gibt auch große Gebiete ohne Sand, die sogenannten Gesteinswüsten. Durch das Abholzen von Bäumen und durch die Übergrasung kann fruchtbares Land zur Wüste werden. Das Ergebnis dieses Missbrauchs nennt man Verwüstung.

Auch Klimaveränderungen können zu Wüsten führen. So entstand etwa die Sahara-Wüste vor mehr als 7000 Jahren. In der Wüste gibt es Gebiete mit Wasserversorgung. Das sind die Oasen. Manche Oasen haben Brunnen, die die Bewohner mit Grundwasser versorgen. Alle glauben, dass es in der Wüste immer heiß ist. Das stimmt nur zur Hälfte, denn nachts kühlt es ab und die Wüstengebiete sind sehr kalt. Daher tragen Wüstenbewohner lange Kleider und Kopfbedeckungen. In der Nacht wärmen die Kleider. Am Tag schützen sie vor der Hitze. Sie halten Sand und Staub ab und verhindern einen Sonnenbrand.

5 Ein guter Vortrag

Anna hat an ihrem Vortrag fleißig gearbeitet. Immer wieder hat sie den Text verbessert und die Sätze geändert.

a Finde heraus, welche beiden Sätze gleich sind.
Lies genau und markiere die beiden Sätze mit der gleichen Farbe.

1	Wenn der Wind ständig die Richtung ändert, dann haben die Dünen keine besondere Form.
2	Wenn der Wind ständig seine Richtung ändert, dann haben die Dünen keine besondere Form.
3	Wenn der Wind immer seine Richtung ändert, dann haben die Dünen keine besondere Form.
4	Wenn der Wind ständig die Richtung dreht, dann haben die Dünen keine besondere Form.
5	Wenn der Wind ständig seine Richtung ändert, dann haben die Dünen eine besondere Form.
6	Wenn der Wind ständig seine Richtung ändert, dann haben die Dünen keine besondere Form.
7	Wenn der Wind oft seine Richtung ändert, dann bekommen die Dünen eine besondere Form.

b Welche Sätze aus dem Text „Die Wüste lebt" sind das? Schreibe sie richtig auf die Zeilen. Wörter, die du verwendet hast, kannst du abstreichen.

dieses Das man Ergebnis nennt Verwüstung. Missbrauchs

____

____

und und einen ab Sie Sonnenbrand. Staub Sand verhindern halten

____

____

und Durch durch das die von kann zur werden. Übergrasung Land Bäumen fruchtbares Wüste Abholzen

____

____

____

es zur kalt. Das nachts nur und Hälfte, denn sind sehr kühlt die ab Wüstengebiete stimmt

____

____

____

6 Viel Spaß für Nico

Anna lässt ihren Vortrag auf dem Schreibtisch liegen und geht nach draußen.
Sie trifft sich mit Leon zum Spielen. Als sie nach ungefähr drei Stunden zurückkommt, traut sie ihren Augen nicht!
Nico, ihr kleiner Hund, hat das Blatt mit dem Vortrag „Die Wüste lebt“ und noch andere Blätter zerbissen und in lauter kleine Papierschnipsel zerlegt.
Nico wedelt vor Freude mit dem Schwanz, als er Anna sieht. Zuerst ist Anna sehr böse auf ihn. Doch der kleine Hund wollte nur spielen. Was bleibt ihr anderes übrig, als die Papierschnipsel zu sortieren und ihren Vortrag wieder zusammenzukleben?
Leon hilft Anna bei der „Schnipseljagd“.

a Fast geschafft! Nur noch diese Textschnipsel sind zu bearbeiten. Stelle fest, welche Teile zu Annas Vortrag „Die Wüste lebt“ gehören. Markiere im Kasten unten die richtigen Nummern mit den darunter stehenden Kennbuchstaben farbig.

2

ringen.
Die Sprechzeit von
hat sich geändert.
Elternsprechstun
um 13.00 Uhr
rung.

8

und schichtet den Sand zu Hü
der Wind ständig seine Richtung
Form. Weht der Wind aber haupt
äufig Dünen, die die Form eine
sicheldünen oder

6

Diese Hü
dann haben d
lich aus einer Richtung
Mondsichel haben. Dies
kommt vor, dass die w
Wande

5

kommt ein Puppentheate
Schule. Eintrittsgeld von
Cent mitbringen!

7

gesunden Lebensweise
viel Bewegung. Lieber mal d
mtollen, als ständig vor dem
r oder Computer sitzen!

4

wir schon Süßes essen
vergessen, die Zähne
mals

3

kann fruchtbares Land zur das Ab-
rauchs nennt man Verwüstung.
en führen. So entstand etwa die
er Wüste gibt es Gebiete mit
ie Oasen haben Brunnen

9

iß ist. Das nur zur Hälfte
biete sind sehr kalt. Daher tragen
bedeckungen. In der Nacht wärmen
Hitze. Sie halten Sand und Staub

11

der Wüste
glauben, dass und die Wüst
enn nachts kühlt es ab und die Wüst
Wüstenbewohner lange Kleider und K
Kleider. Am Tag schützen si

1

ein Fünftel als
Ungefähr
große Gebiete ohne San
holzen von Bäumen un
Wüste werden. Das
ch Klimaveränd

10

nsch
urten Zugvög
erbst verlassen
warmen Afrika. Im
haben herausgefu
erwechseln d

1	2	3	4	5	6	7	8	9	10	11
DI	ES	EW	EL	FL	ÜS	UZ	TE	LE	AN	BT

Schreibe die markierten Kennbuchstaben der Reihe nach auf.

____

b Finde heraus, wohin die anderen Textschnipsel gehören.
Vergleiche sie mit den folgenden Texten und kennzeichne die Zahlen neben den Schnipseln mit der entsprechenden Farbe.

Gruppenergebnis:
Die Rauchschwalbe und ihre Artgenossen sind wie viele andere Vogelarten Zugvögel.
Im Herbst verlassen sie unsere Heimat und verbringen den Winter im warmen Afrika. Im Frühling kommen sie wieder.
Wir haben herausgefunden: Der Mauersegler sieht einer Schwalbe zum Verwechseln ähnlich.
Er gehört aber zu einer anderen Vogelfamilie.

Bis zum Freitag das Kopiergeld mitbringen.
Die Sprechzeit von Frau Reber hat sich geändert.
Elternsprechstunde ist am Montag um 13.00 Uhr oder nach Vereinbarung.
Im März kommt ein Puppentheater in die Schule. Eintrittsgeld von 2 € 50 Cent mitbringen!

Süßigkeiten sind schlecht für die Zähne.
Wenn wir schon Süßes essen, sollten wir nicht vergessen, die Zähne zu putzen.
Mehrmals am Tag sollten wir frisches Obst essen.
Zu einer gesunden Lebensweise gehört auch viel Bewegung. Lieber mal draußen herumtollen, als ständig vor dem Fernseher oder dem Computer sitzen!

7 Schnipseljagd erfolgreich beendet

Sortiere die Sätze in der richtigen Reihenfolge. Schreibe die Zahlen 1–7 links in die Kästchen. Die Buchstaben hinter den Sätzen verraten dir, welche Note Anna bekommen hat.

☐ Jetzt schreibt sie ihren Vortrag über die Wüste noch einmal ab. h

☐ Die anderen Kinder stellen viele Fragen zu ihrem Vortrag. g

☐ Endlich hat Anna alle Textschnipsel in der richtigen Reihenfolge sortiert. s

☐ Anna ist gut vorbereitet und kann viele Fragen beantworten. u

☐ Frau Reber ist sehr zufrieden mit Annas Arbeit. t

☐ Sorgfältig klebt sie alle Schnipsel auf ein leeres Blatt. e

☐ Am nächsten Morgen darf sie als Erste in der Klasse ihr Referat halten. r

1	2	3	4	5	6	7

Sommer, Sonne, Reisezeit – Das Auge schulen

Frau Meyer-Pollander, Frau Kürbenicker und Frau Wellner-Dammert sind drei rüstige ältere Damen, die für ihr Leben gern verreisen. Sie treffen sich im Café und erzählen begeistert von ihrem Urlaub. Im Café ist es etwas laut, sodass man nicht jedes Wort verstehen kann.

8 Drei Damen beim Kaffeeklatsch

a Lerne Frau Meyer-Pollander, Frau Kürbenicker und Frau Wellner-Dammert besser kennen, indem du die versteckten Buchstaben in den Bildern zu Wörtern verbindest.

Frau Meyer-Pollander …

____

____

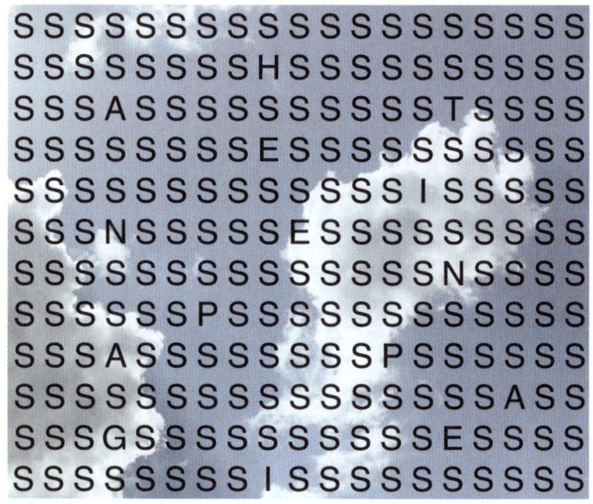

____

____

Frau Kürbenicker …

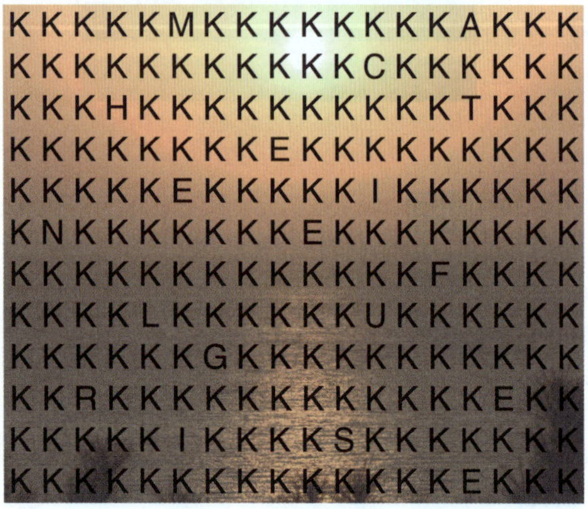

____

____

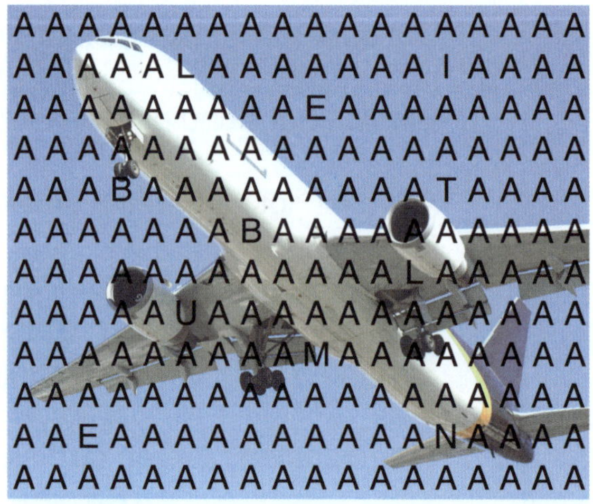

____

____

Frau Wellner-Dammert …

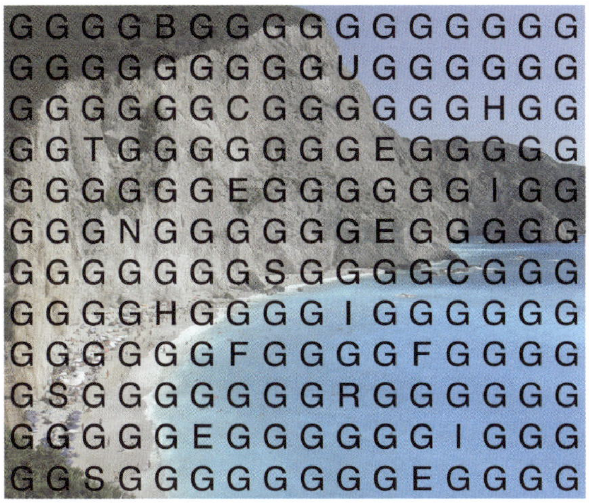

____________________ ____________________

____________________ ____________________

b Hier findest du noch mehr Informationen über die drei Freundinnen.
Markiere die Informationen farbig, die du schon aus den Bildern gewonnen hast.

Frau Kürbenicker	liebt Blumen.
	mag die Farbe Blau überhaupt nicht.
	machte eine Flugreise.
	ist seit einem Jahr Witwe.
Frau Meyer-Pollander	hat eine zehnjährige Enkelin.
	hat einen Papagei.
	wohnt in der zweiten Etage.
	verreiste mit dem Zug.
Frau Wellner-Dammert	heißt mit Vornamen Marlies.
	buchte eine Schiffsreise.
	liest sehr viel.
	spricht fließend Spanisch.

9 Begrüßungen aus dem Lautsprecher

Lies die Texte durch und finde heraus, welche der drei Damen von Aufgabe 8 diesen Urlaubsbeginn erlebt hat. Kreise den jeweiligen Namen ein.

a Sehr geehrte Reisende! Mein Name ist Tom Buttrow und ich bin ab Düsseldorf Ihr neuer Zugbegleiter. Meine Crew und ich sorgen dafür, dass Sie den Aufenthalt im Intercity Beethoven zu Ihrer vollsten Zufriedenheit genießen können. Getränke und kleine Snacks gibt es in unserer rollenden Bar. Lassen Sie sich auch in unserem Bordrestaurant verwöhnen, das sich in der Zugmitte befindet. Ich wünsche Ihnen eine angenehme Fahrt.

Frau

W	E	L	L	N	E	R	-	D	A	M	M	E	R	T
K	Ü	R	B	E	N	I	C	K	E	R				
M	E	Y	E	R	-	P	O	L	L	A	N	D	E	R

b Sehr geehrte Passagiere, hier spricht Ihr Kapitän. Ich heiße Sie herzlich auf unserem Kreuzfahrtschiff willkommen. Ich befinde mich gerade auf der Kommandobrücke und überwache die sichere Ausfahrt aus unserem Heimathafen. In wenigen Minuten beginnt Ihr mehrwöchiger Traumurlaub auf unserem Schiff. Ich freue mich schon darauf, Sie heute Abend beim Kapitänsempfang persönlich kennenzulernen.

Frau

M	E	Y	E	R	-	P	O	L	L	A	N	D	E	R
W	E	L	L	N	E	R	-	D	A	M	M	E	R	T
K	Ü	R	B	E	N	I	C	K	E	R				

c Meine verehrten Damen und Herren! Hier spricht Ihr Kapitän. Wir befinden uns derzeit über Zürich und nehmen dann Kurs Richtung Süden. Im Moment erreichen wir eine Flughöhe von 11 000 m und eine Reisegeschwindigkeit von 900 km pro Stunde. Bei wolkenlosem Himmel und guter Fernsicht wünsche ich Ihnen eine angenehme Reise.

Frau

W	E	L	L	N	E	R	-	D	A	M	M	E	R	T
K	Ü	R	B	E	N	I	C	K	E	R				
M	E	Y	E	R	-	P	O	L	L	A	N	D	E	R

Schreibe die farbig hinterlegten Buchstaben aus den richtigen Namen nacheinander in den Lösungskasten. Du erfährst dann, wie die Enkelin von Frau Meyer-Pollander heißt.

Die Enkelin heißt | | | | | | | | .

10 Das kann nicht sein!

Nun kennst du die drei Damen schon ganz gut, da du die Informationen aus den Aufgaben 8 und 9 richtig verarbeitet hast. Deshalb werden dir in den folgenden Texten je drei Dinge auffallen, die nicht stimmen. Markiere die falschen Informationen mit Farbe und stelle sie anschließend richtig.

Auf dem Schiff gibt es viel zu sehen. Frau Wellner-Dammert hat sich vorgenommen, den Luxusliner in den nächsten Tagen zu erkunden. Doch zunächst ist der Kapitänsempfang. Eine Empfangsdame flüstert dem Kapitän die Namen der Passagiere zu.
Als Frau Wellner-Dammert an der Reihe ist, dem Kapitän die Hand zu schütteln, flüstert die Empfangsdame: „Frau Waltraud Wellner-Dammert“. Der Kapitän freut sich und sagt: „Ich habe gehört, Sie sprechen fließend Französisch. Das finde ich wunderbar!“
Der Tag war anstrengend und aufregend, und so zieht sich Frau Wellner-Dammert in ihre Luxuskabine zurück. Da sie nicht gerne liest, lässt sie sich müde in einen bequemen Sessel fallen und sieht sich ein Video an.

Frau Kürbenicker hat sich einen frischen Saft von der Stewardess bringen lassen.
Sie muss an ihren geliebten Gatten denken, obwohl sie schon seit vielen Jahren Witwe ist. Mit ihrem Mann wäre die Reise noch viel schöner gewesen.
Sie selbst mag zwar Blumen nicht so sehr, aber sie stellt ihrem verstorbenen Gatten jede Woche welche auf das Grab.
Der blaue Himmel, den Frau Kürbenicker durch die Luke sieht, begeistert sie über alle Maßen. Sie mag die Farbe Blau überhaupt sehr gerne.
Weil sie sich so wohlfühlt, macht sie ein Nickerchen hoch über den Wolken.

In etwa einer halben Stunde möchte Frau Meyer-Pollander im Bordrestaurant etwas zu sich nehmen. Eben noch führte sie ein Handygespräch mit ihrer zwölfjährigen Enkelin und nun genießt sie den Blick auf die vorbeiziehende Landschaft. Da sie sich im Intercity einen Fensterplatz reservieren ließ, hat sie einen wunderschönen Blick auf den Rhein und die Weinberge. Während des Urlaubs wird ihre Katze von einer Nachbarin betreut. Die Nachbarin von Frau Meyer-Pollander lebt ebenso wie sie in der vierten Etage ihrer Wohnanlage.

11 Durch Textsurfen noch mehr Informationen gewinnen

Was sich die drei rüstigen älteren Damen im Café noch erzählen, kannst du dir als Information aus der folgenden Tabelle holen.

Lies die bisherigen Texte in diesem Kapitel noch einmal genau durch. Markiere in der Tabelle alle Begriffe

- mit **blauer** Farbe, die zu Frau Meyer-Pollander passen,
- mit **roter** Farbe, die zu Frau Kürbenicker passen,
- mit **grüner** Farbe, die zu Frau Wellner-Dammert passen.

Marlies	P	Witwe	M	Papagei	M	Heimathafen	Y
Beethoven	Ü	Luxuskabine	R	Stewardess	A	11 000 m	L
Wohnanlage	N	Melanie	C	Zürich	L	liest sehr viel	A
Sessel	M	Spanisch	I	Blumen	O	Nachbarin	H
Fensterplatz	E	Video	D	Gatte	R	Wolken	C
Flughöhe	A	aufregend	E	zehnjährig	N	mehrwöchig	N

Trage alle **blauen** Kennbuchstaben nacheinander in den Lösungskasten ein.
Dann erfährst du, wohin Frau Meyer-Pollander verreiste:

Die **roten** Kennbuchstaben verraten dir das Reiseziel von Frau Kürbenicker:

Die **grünen** Kennbuchstaben nennen dir eine Sehenswürdigkeit,
die Frau Wellner-Dammert sehr begeisterte:

Knobelaufgaben

12 Was essen wir heute?

Anna, Leon und vier Freunde haben eine Abmachung getroffen: Immer, wenn einige von ihnen gemeinsam in der Schule Mittag essen, wird für alle das gleiche Gericht bestellt. Da ihre Lieblingsgerichte sehr unterschiedlich sind, muss sich jeweils ein Freund nach dem anderen richten. Anna zum Beispiel isst gerne Suppen, aber mit Leon essen sie beide gemeinsam Braten. Elias und Petra entscheiden sich immer für Fisch, wenn aber Alexander mitisst, bestellen die drei Salat. Leon isst zusammen mit Petra Spaghetti, obwohl er eigentlich lieber etwas anderes essen würde. Mattis, der am liebsten Eierspeise isst, richtet sich immer nach Anna.

Was wird bestellt, wenn alle sechs Freunde zusammen essen?

____

13 Gestatten, mein Name ist ...

Sieh dir die Visitenkarten dieser Personen genau an.
Durch Umstellen der Buchstaben kannst du ihren Beruf herausfinden.

Beispiel: HERR FLÜKO arbeitet als LOKFÜHRER

EMMA RILER
STEIN

KARL
REIHERVEL

______________________ ______________________

Angebote über Angebote – Informationen erfassen

Das Einkaufszentrum ist wie eine kleine Stadt. Geschäfte, Cafés, Reisebüros, eine Sparkasse, zwei Kinderspielplätze und vieles mehr machen den Aufenthalt zum Erlebnis. Leon und seine Schwester Heike schlendern mit ihrer Oma am Nachmittag an den Geschäften vorbei und sehen sich die zahllosen Angebote an.

Weil Heike und Leon gute Zeugnisse mit nach Hause gebracht haben, dürfen sie sich zur Belohnung ein Geschenk aussuchen. Heike wünscht sich etwas für ihre Kuscheltiersammlung. Einen lustigen kleinen Bären mit Trommel, ein Tiger-Schlampermäppchen und eine Tiger-Geldbörse hat sie bereits. Nun hätte sie noch gern einen Kuschel-Bär, ein Kuschel-Pferd oder einen Kuschel-Tiger.
Leon würde sich riesig freuen, wenn er für seine Fußballer-Figurensammlung Manuel Neuer bekommen könnte. In seiner Technikkiste fehlt ihm außerdem noch ein Mega-Kran mit Kabelsteuerung.

„Ja, ja!“, lacht Oma. „Ihr habt immer Wünsche. Doch versprochen ist versprochen! Aber mehr als 15 € für jedes Geschenk kann ich nicht ausgeben.“

Noch ist es Winter. Draußen liegt Schnee, aber im Einkaufszentrum ist es wohlig warm. Überall stehen riesige Pflanzen vor den Geschäften. Auf einem großen Platz spritzt ein Springbrunnen hohe Wasserfontänen. Aus Lautsprechern tönt flotte Musik. Man könnte meinen, dass man sich im Sommerurlaub befindet.
Oma läuft mit den beiden Kindern gerade an einem Reisebüro vorbei. Auf ihrem weiteren Bummel sehen sie eine Sparkasse, eine Buchhandlung, ein Bekleidungs-

geschäft, eine Metzgerei, ein Café, ein großes Fachgeschäft für Fernseh- und Videogeräte, ein Schreibwarengeschäft, eine Bäckerei, einen Handy-Shop und einen Döner-Stand. Auf der gegenüberliegenden Seite befinden sich ein Schuhgeschäft, ein Lampengeschäft, ein Spielzeugladen, ein Schmuckgeschäft, eine Teestube, eine Apotheke und eine Pizzeria.

Stundenlang könnten die Kinder durch das Einkaufszentrum spazieren, ohne dass ihnen langweilig wird. Angebote über Angebote springen ihnen in die Augen. Oma aber ist schon etwas müde und schlägt den Kindern vor: „Setzen wir uns doch in das schöne Café! Ich nehme eine Tasse Kaffee und ein Stück Kuchen und ihr dürft euch einen Pinocchio-Becher bestellen." Damit sind Heike und Leon sofort einverstanden, schließlich haben sie ihre Geschenke inzwischen ausgesucht. Sie finden einen freien Tisch und nehmen Platz. Es macht Spaß, die Leute zu beobachten. Ein Herr in einem dunkelblauen Mantel stolziert vorbei und trägt eine Einkaufstüte mit der Aufschrift „Lesen macht stark". Das kleine Einkaufspäckchen einer vornehmen Dame trägt die Aufschrift „Juwelen Mayr". Zwei Jugendliche kommen vorbei und lassen sich eine türkische Spezialität schmecken. Eine Mutter zieht ihre kleine Tochter hinter sich her, die an einer Breze knabbert.
„So, Ihr Kaffee mit Kuchen und zweimal Pinocchio für die kleinen Herrschaften!"
„Danke!", sagen Oma und die beiden Kinder. Leon und Heike lassen sich den Pinocchio-Becher schmecken. Während Oma noch ihren Kuchen genießt, packen die beiden Kinder ihre Geschenke aus. Sie können einfach nicht mehr damit warten, bis sie zu Hause sind.

14 Ein Einkaufsbummel macht Spaß

Lies die Geschichte „Angebote über Angebote" und kreuze an, was im Text steht. Schreibe die Kennbuchstaben der Reihe nach in den Lösungskasten.

a Heike und Leon dürfen sich ein Geschenk aussuchen, weil …

- sie Geburtstag haben. ☐ EI
- ihre Zeugnisse gut waren. ☐ GE
- es bald Weihnachten ist. ☐ AN

b Im Café …

- bestellt Oma ein Glas Tee und Kuchen. ☐ NK
- essen die Kinder einen Pinocchio-Becher. ☐ SC
- bringt der Ober allen einen Vanillekrapfen. ☐ GE

c Oma möchte …

- für ein Geschenk nicht mehr als 20 € ausgeben. ☐ BO
- für beide Geschenke etwa 15 € ausgeben. ☐ HÄ
- für jedes Geschenk nicht mehr als 15 € ausgeben. ☐ HE

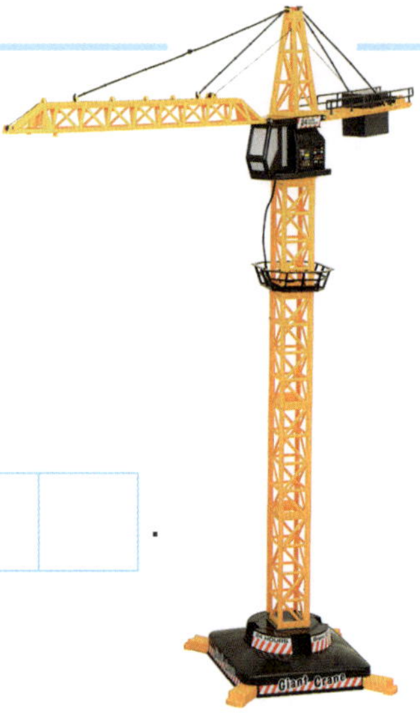

d Was stimmt nun?

Heike hat schon einen Tiger-Rucksack.	☐	FT
Leon sammelt Fußballerfiguren.	☐	NK
Leon hat einen Mega-Kran mit Kabelsteuerung.	☐	TE

Die Kinder freuen sich über ihr ☐☐☐☐☐☐☐☐.

15 Ein Geschäft neben dem anderen

Lies den Text „Angebote über Angebote" genau.
Wie ist die Reihenfolge der Geschäfte? Fülle die Lücken richtig aus.

Schreibwarengeschäft		Handy-Shop
Lampengeschäft		Schmuckgeschäft
	Apotheke	Pizzeria
Sparkasse		Bekleidungsgeschäft
Bäckerei	Handy-Shop	
	Lampengeschäft	Spielzeugladen

16 Das gibt es doch nicht!

Leon macht einen Bummel durch das Einkaufszentrum. Er läuft mal in die eine, mal in die andere Richtung. Dabei kommt er mehrmals an den Geschäften vorbei. Ein Geschäft hat sich hier immer dazwischengemogelt. Streiche es durch.

a Sparkasse, Buchhandlung, Spielzeugladen, Bekleidungsgeschäft, Metzgerei, Café

b Lampengeschäft, Spielzeugladen, Schmuckgeschäft, Teestube, Bäckerei, Apotheke

c Pizzeria, Apotheke, Teestube, Schmuckgeschäft, Spielzeugladen, Reisebüro, Lampengeschäft

d Döner-Stand, Handy-Shop, Blumengeschäft, Bäckerei, Schreibwarengeschäft, Fernseh- und Videogeräte, Café

17 Wer kauft wo ein?

Finde im Text „Angebote über Angebote“ heraus, wo die folgenden Leute eingekauft haben. Kreuze richtig an.

Der Herr im dunkelblauen Mantel:

- ☐ im Schuhgeschäft
- ☐ in der Buchhandlung
- ☐ in der Apotheke

Die vornehme Dame:

- ☐ in der Bäckerei
- ☐ im Lampengeschäft
- ☐ im Schmuckgeschäft

Die zwei Jugendlichen:

- ☐ am Döner-Stand
- ☐ im Handy-Shop
- ☐ im Spielzeugladen

Die Mutter mit ihrer kleinen Tochter:

- ☐ im Reisebüro
- ☐ in der Bäckerei
- ☐ in der Teestube

18 Ein drittes Geschenk

Am Abend führt Leon nacheinander zwei Telefonate mit seinen Freunden.

Seinem Freund Lukas erzählt er:

Der Einkaufsbummel mit Oma war super. Wir hätten es noch viel länger im Einkaufszentrum ausgehalten. Es gab dort sehr viel zu sehen, sodass es uns überhaupt nicht langweilig wurde. Heike erzählte die ganze Zeit von ihrer Kuschelwuschel-Sammlung. Endlich kamen wir zum Spielzeuggeschäft. Was es dort alles zu kaufen gab! Schade, dass wir nur einen Wunsch frei hatten. Zuerst liefen wir durch die ganze Spielwarenabteilung und sahen uns alles an. Endlich standen wir vor den Actionfiguren. Es gab alle bekannten Fußballspieler. Manuel Neuer war natürlich auch dabei. Heike fand in der oberen Etage des Spielzeuggeschäftes die Kuscheltiere und entdeckte auch gleich einen schönen Tiger. Wir durften unsere Geschenke auswählen und Oma bezahlte dann an der Kasse. Wir waren erstaunt: Nicht nur wir beide, sondern auch Oma bekam von der freundlichen Verkäuferin ein hübsch verpacktes Geschenk.

Seinem Freund Stefan erzählt er:

Unser Einkaufsbummel mit Oma war klasse. Wir hätten es noch viel länger im Einkaufszentrum ausgehalten. Es gab dort sehr viel zu sehen, sodass es uns überhaupt nicht langweilig war. Heike redete die ganze Zeit von ihrer Kuschelwuschel-Sammlung. Später kamen wir zum Spielzeuggeschäft. Was es hier alles zu kaufen gab! Schade, dass wir nur einen Wunsch frei hatten. Zuerst liefen wir durch die ganze Spielwarenabteilung und sahen uns alles an. Endlich standen wir vor den Actionfiguren. Es gab alle bekannten Ballkünstler. Manuel Neuer war natürlich auch dabei. Heike fand in der oberen Etage des Spielzeuggeschäftes die Kuscheltiere und entdeckte auch gleich einen schönen Tiger. Wir durften unsere Geschenke auswählen und Oma bezahlte sofort an der Kasse. Wir waren überrascht: Nicht nur wir beide, sondern auch Omi bekam von der freundlichen Verkäuferin ein hübsch eingepacktes Geschenk.

a Markiere im Telefonat mit Stefan alle Wörter, die anders sind als im Gespräch mit Lukas.

b Trage die markierten Wörter in Großbuchstaben untereinander in die Kästen ein.

Übertrage die gelb hinterlegten Buchstaben der Reihe nach in den Lösungskasten. Dann erfährst du, welches Geschenk Oma von der Verkäuferin noch bekommen hat.

Das dritte Geschenk war ein …

Hüte dich vor dem Fuchs! – Literarische Texte lesen

Der Fuchs und die Gänse

Der Fuchs kam einmal auf eine Wiese, wo eine Herde schöner fetter Gänse saß. Da lachte er und sprach: „Ich komme ja wie gerufen. Ihr sitzt hübsch beisammen, so kann ich eine nach der anderen auffressen.“

Die Gänse gackerten vor Schrecken, sprangen auf, fingen an zu jammern und kläglich um ihr Leben zu bitten. Der Fuchs aber wollte auf nichts hören und sprach: „Da ist keine Gnade, ihr müsst sterben!“ Endlich nahm sich eine das Herz und sagte: „Sollen wir armen Gänse doch einmal unser jung frisch Leben lassen, so erzeige uns die einzige Gnade und erlaub uns noch ein Gebet, damit wir nicht in unseren Sünden sterben. Hernach wollen wir uns auch in eine Reihe stellen, damit du dir immer die Fetteste aussuchen kannst.“

„Ja!“, sagte der Fuchs. „Das ist billig und eine fromme Bitte. Betet, ich will solange warten.“

Also fing die Erste ein recht langes Gebet an, immer „ga! ga!“, und weil sie gar nicht aufhören wollte, wartete die Zweite nicht, bis die Reihe an sie kam, sondern fing auch an mit „ga! ga!“

Die Dritte und Vierte folgten ihr, und bald gackerten sie alle zusammen.

Und wenn sie ausgebetet haben, soll das Märchen weitererzählt werden. Sie beten aber alleweile immer noch fort.

Jacob und Wilhelm Grimm

Der Fuchs und der Ziegenbock

Ein Fuchs fiel in einen tiefen Brunnen und wusste nicht, wie er wieder hinauskommen sollte. Da kam ein durstiger Ziegenbock zum Brunnen, sah den Fuchs und fragte ihn, ob das Wasser gut sei. Der aber verhehlte sein Missgeschick und sagte: „Oh, das Wasser ist ausgezeichnet, klar und wohlschmeckend, komm nur auch herunter!“

Da sprang der Bock, ohne sich zu besinnen, hinab. Als er seinen Durst gelöscht hatte, fragte er den Fuchs: „Wie wollen wir aber wieder hinauskommen?“ „Oh, das werde ich schon machen. Stelle dich auf deine Hinterbeine, stemme deine Vorderbeine gegen die Wand und mache deinen Hals lang. Dann werde ich über deinen Rücken und deine Hörner an den Rand des Brunnens klettern und auch dir heraushelfen.“

Der Bock tat, wie ihm befohlen war, streckte sich aus und der Fuchs kletterte auf seine Hörner und sprang von dort mit einem gewaltigen Satz auf den Brunnenrand. Dort blieb er, tanzte vor Freude und verhöhnte den Bock. Der aber machte ihm Vorwürfe, dass er den Vertrag nicht eingehalten hätte.
Da sagte der Fuchs: „Oh Bock, wenn du so viele Gedanken im Kopfe hättest wie Haare im Bart, so wärst du nicht hinuntergestiegen, ohne vorher zu untersuchen, wie du wieder herauskönntest."

griechischer Dichter Aesop (vor etwa 2500 Jahren)

19 Der Fuchs ist überall

Lies beide Texte (Märchen und Fabel) genau durch und entscheide, wo der Fuchs sein Unwesen treibt. Kreuze den Fuchs im Märchen mit **blauer** Farbe und den Fuchs in der Fabel mit **roter** Farbe an.

	Märchen	Fabel
… auf einer Wiese	☐ ESW	☐ D
… in einen tiefen Brunnen	☐ IST	☐ H
… über deinen Rücken	☐ IR	☐ A
… in eine Reihe stellen	☐ ARE	☐ U
… wie Haare im Bart	☐ NUM	☐ UP
… da ist keine Gnade	☐ INM	☐ D
… mit einem gewaltigen Satz	☐ MAH	☐ TR
… ein recht langes Gebet	☐ AL	☐ A
… das Wasser ist ausgezeichnet	☐ VO	☐ O
… an den Rand des Brunnens	☐ RL	☐ L
… wie ihm befohlen war	☐ SCH	☐ LE

Schreibe deine **blau** markierten Buchstaben der Reihe nach in den Lösungskasten.
So beginnen viele Märchen:

										…

Schreibe deine **rot** markierten Buchstaben der Reihe nach in den Lösungskasten.
Sehr oft spielt der Fuchs in der Fabel die

										.

20 Was für ein Durcheinander!

Anna weiß auch, dass man sich vor dem Fuchs hüten muss.
Daher schaut sie genau, wo der Fuchs auftauchen könnte.
Trenne die Reißverschluss-Sätze, indem du das erste, dritte usw. Wort mit **blauer** Farbe, das zweite, vierte usw. Wort mit **roter** Farbe einkreist.

Entscheide, von welcher Geschichte die Sätze erzählen, und kreuze jeweils einmal in roter und einmal in blauer Farbe an:
a = Der Fuchs im Märchen „Der Fuchs und die Gänse“
b = Der Fuchs in der Fabel „Der Fuchs und der Ziegenbock“
c = Der Satz gehört zu anderen Märchen oder zu anderen Fabeln.

a DIE DER GÄNSE FUCHS FINGEN LOCKTE AN DEN ZU ZIEGENBOCK GACKERN MIT UND EINER FLEHTEN LÜGE UM IN IHR DEN LEBEN BRUNNEN.

☐ a ☐ b ☐ c

b DER DIE GUTGLÄUBIGE GOLDENE ZIEGENBOCK KUGEL WARTETE WAR VERGEBLICH DER AUF KÖNIGSTOCHTER DIE IN HILFE DEN DES BRUNNEN FUCHSES GEFALLEN.

☐ a ☐ b ☐ c

c AM MIT ENDE SEINEM WOLLTEN ROTEN ALLE MÜTZCHEN GÄNSE GING EIN DAS NICHT MÄDCHEN MEHR ALLEINE ENDENDES DURCH GEBET DEN SPRECHEN WALD.

☐ a ☐ b ☐ c

d DIE DER ZAUBERIN LISTIGE SPERRTE FUCHS DAS LEGTE KIND DEN MIT DURSTIGEN DEN ZIEGENBOCK SCHÖNEN HEREIN HAAREN UND IN VERHÖHNTE EINEN IHN TURM.

☐ a ☐ b ☐ c

Mozart, Smetana & Co. – Sachtexte lesen

Musikliebhaber auf der ganzen Welt erfreuen sich an den musikalischen Werken berühmter Komponisten. Vier dieser herausragenden Künstler stellen sich und ihr bekanntestes Werk vor:

Guten Tag! Ich, Wolfgang Amadeus Mozart, wurde im Jahre 1756 in der österreichischen Stadt Salzburg geboren. Mit vier Jahren lernte ich das Klavierspielen und mit fünf Jahren komponierte ich bereits kleine Stücke. Leopold Mozart, mein Vater, brachte mir das alles bei. Damals nannte man mich ein musikalisches Wunderkind und ich durfte in Wien sogar vor dem Kaiser spielen. 17-mal unternahm ich Tourneen durch Deutschland, Frankreich, Belgien, England, die Niederlande und Italien. Die meisten Leute kennen meine „Kleine Nachtmusik". Doch neben Klavierstücken und Streichquartetten habe ich auch Opern geschrieben. Eine meiner bekanntesten Opern ist die „Zauberflöte". Darin geht es um den jungen Prinzen Tamino, der die Königstochter Pamina aus einer Burg befreit. Dabei kommt ihm seine Zauberflöte, die sogar wilde Tiere zähmt, zu Hilfe. Meine „Zauberflöte" wurde im Jahre 1791 uraufgeführt. Die Oper war ein Riesenerfolg. Ich war aber zu der Zeit schon sehr krank und starb noch im Jahr der Uraufführung in Wien. Auf Wiedersehen!

Buon giorno! Ich bin Antonio Vivaldi. Im Jahre 1678 erblickte ich in der italienischen Lagunenstadt Venedig das Licht der Welt. Meinen Spitznamen hatte ich schnell weg: Man nannte mich „il prete rosso". Das bedeutet „der rote Priester". Warum? Ich hatte rote Haare und feierte im Jahre 1703 meine Priesterweihe. Meine Hauptbeschäftigung als Musiker hatte ich als Geigenlehrer und als Orchesterleiter in einem Waisenhaus in Venedig. Im Jahre 1718 ging ich auf Europatournee. Ich bereiste dabei Städte in Norditalien und kam nach Amsterdam, Prag und Wien. Die Reisen waren anstrengend, aber auch sehr erfolgreich. Mein Violinkonzert „Die vier Jahreszeiten" ging wohl als bekanntestes meiner Werke in die Musikgeschichte ein. Darin beschreibe ich musikalisch den Frühling, den Sommer, den Herbst und den Winter. Meine „Vier Jahreszeiten" waren so erfolgreich, dass ich mir in Amsterdam einen Verleger suchte, der meine Noten schneller drucken konnte als die Venezianer. Zur letzten Ruhe gebettet wurde ich im Jahre 1741 in Wien. Arrivederci!

Dobrý den! Mein Name ist Bedřich Smetana. Im Jahre 1824 wurde ich in der tschechischen Stadt Litomyšl geboren. Ich habe viele musikalische Werke verfasst. Mein bekanntestes Werk stammt aus dem Zyklus „Mein Vaterland". Dieser Zyklus ist ein Werk mit sechs Teilen. Einer davon ist die „Moldau". Diesen Fluss beschreibe ich in meinem Werk musikalisch von seinen zwei Quellen bis zur Mündung in den großen Fluss Elbe. Die Moldau fließt durch die Stadt Prag und mündet bei der Stadt Melnik in die Elbe. Diese Reise der Moldau stelle ich in verschiedenen Bildern musikalisch dar. So gibt es eine Jagd im Wald, eine Bauernhochzeit, reißende Stromschnellen und anderes mehr.

Mich ereilte ein trauriges Schicksal. Als ich mit dem Komponieren der „Moldau" begann, hatte ich mein Gehör schon fast vollständig verloren. Meine letzte Ruhestätte fand ich in Prag, wo ich 1884 starb. Na shledanou!

Bonjour! Mein Name ist Camille Saint-Saëns. Geboren bin ich im Jahre 1835 in der französischen Hauptstadt Paris, gestorben bin ich im Jahre 1921 in Nordafrika. Ich möchte nicht angeben, aber bereits im Alter von drei Jahren konnte ich Noten lesen. Zunächst erlernte ich das Klavierspielen und gab Konzerte in Paris. Meine besondere Vorliebe galt immer schon den Tieren. Ich kam deshalb auf die Idee, die Tiere musikalisch darzustellen. Mein Werk nannte ich den „Karneval der Tiere". Darin kommen unter anderem ein Löwe, Vögel, wilde Esel, Schildkröten, Fische im Aquarium, ein Elefant und ein Schwan vor. Den „Karneval der Tiere" komponierte ich Anfang 1886 als musikalischen Scherz. Er wurde auf einem Karnevalskonzert in Paris uraufgeführt. Niemand hätte geglaubt, dass dieses Werk mein berühmtestes werden sollte. Au revoir!

21 Werk und Leben der berühmten Komponisten

Lies den Text „Mozart, Smetana & Co." genau durch und ergänze die fehlenden Angaben in der Tabelle.

a

Name	Vorname	Nationalität
Saint-Saëns		
	Bedřich	
	Wolfgang Amadeus	
		italienisch

b

Geburtsstadt	Begrüßung	Lebenszeit	Geburtsland
Venedig			
	Bonjour!		
		1756–1791	
			Tschechien

c

Verabschiedung	Gestorben in …	Werk
		Mein Vaterland
Auf Wiedersehen!		
	Nordafrika	

22 Europäische Komponisten

Trage in die Länder der Europakarte den Namen, die Lebenszeit und ein Werk des entsprechenden Komponisten ein:

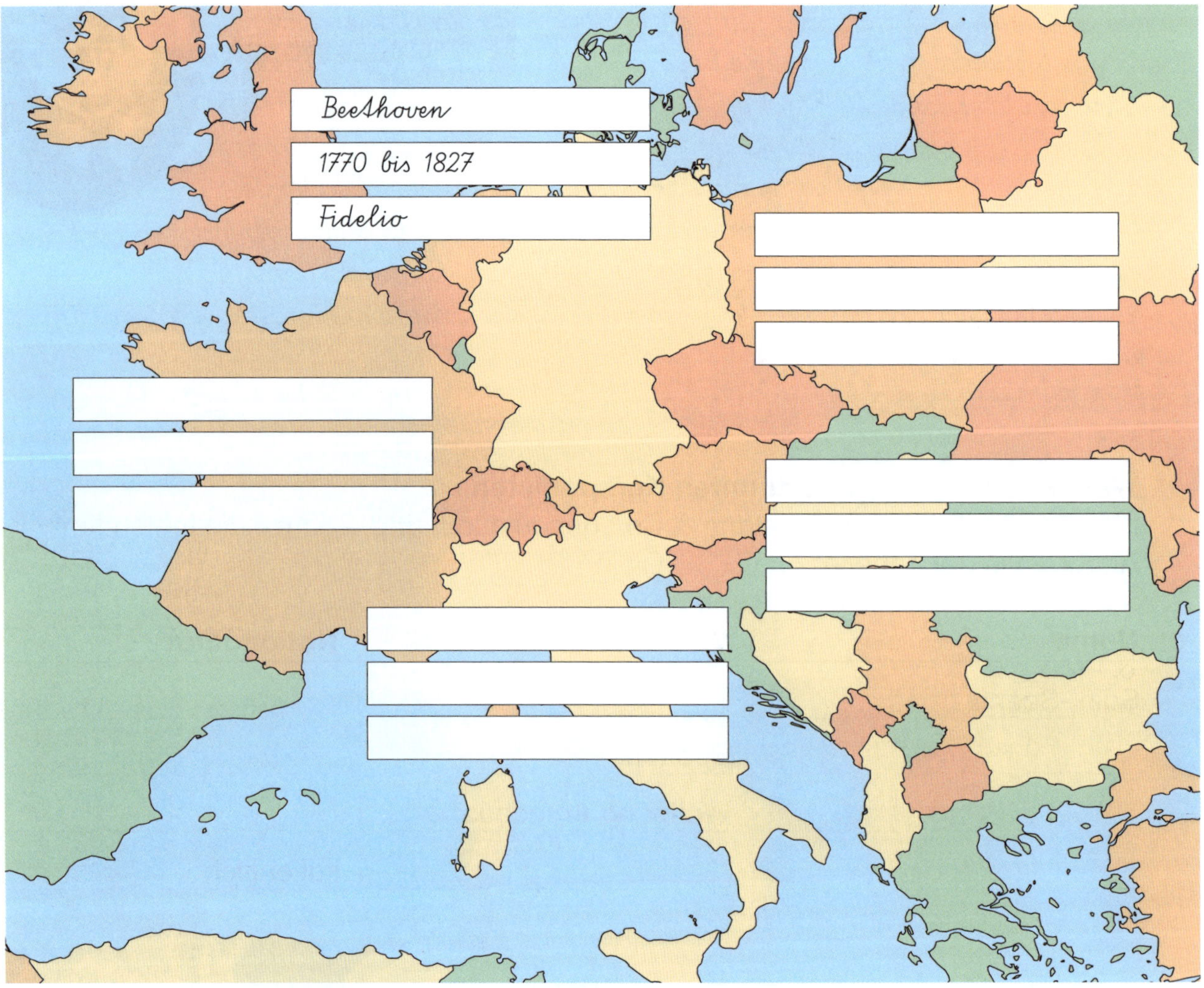

23 Du kennst nun Mozart, Smetana & Co.

In den folgenden Texten haben sich schwere Fehler eingeschlichen. Markiere die falschen Wörter und schreibe sie in Großbuchstaben untereinander in die Kästen.

Mein Name ist Wolfram Smetana. Im Jahre 1824 wurde ich in der tschechischen Lagune Litomyšl geboren. Ich habe viele musikalische Werke verfasst. Mein bekanntestes Werk stammt aus dem Zyklus „Mein Vaterland". Dieser Zyklus ist ein Werk mit drei Teilen. Einer davon ist die „Wolga". Diesen Fluss beschreibe ich in meinem Werk musikalisch von seinen zwei Quellen bis zur Mündung in den großen Fluss Tiber. Die Moldau fließt durch die Stadt Prag und mündet bei der Stadt Melnik in die Elbe. Diese Reise der Moldau stelle ich in verschiedenen Bildern musikalisch dar. So gibt es eine Jagd im Wald, eine Bauernhochzeit, reißende Stromschnellen und anderes mehr.
Mich ereilte ein trauriges Schicksal. Als ich mit dem Komponieren der „Moldau" begann, hatte ich mein Gehör schon fast vollständig verloren. Meine letzte Ruhestätte fand ich in Venedig, wo ich 1884 starb.

Ich bin Antonio Vivaldi. Im Jahre 1678 erblickte ich in der italienischen Lagunenstadt Venedig das Licht der Welt. Meinen Spitznamen hatte ich schnell weg: Man nannte mich „il prete rosso". Das bedeutet „der rote Priester". Warum? Ich hatte rote Haare und feierte im Jahre 1703 meine Priesterweihe. Meine Hauptbeschäftigung als Musiker hatte ich als Vorsänger und als Orchesterleiter in einem Waisenhaus in Venedig.
Im Jahre 1718 ging ich auf Europatournee. Ich bereiste dabei Städte in Spanien und kam nach Amsterdam, Prag und Wien. Die Reisen waren anstrengend, aber auch sehr erfolgreich. Mein Flötenkonzert „Die vier Jahreszeiten" ging wohl als bekanntestes meiner Werke in die Musikgeschichte ein. Darin beschreibe ich musikalisch den Frühling, den Sommer, den Herbst und den Winter.
Meine „Vier Jahreszeiten" waren so erfolgreich, dass ich mir in Amsterdam einen Verleger suchte, der meine Noten schneller drucken konnte als die Venezianer.

Ich, Wolfgang Amadeus Mozart, wurde im Jahre 1756 in der österreichischen Stadt Innsbruck geboren. Mit vier Jahren lernte ich das Klavierspielen und mit fünf Jahren komponierte ich bereits kleine Stücke. Leopold Mozart, mein Bruder, brachte mir das alles bei. Damals nannte man mich ein musikalisches Wunderkind und ich durfte in Wien sogar vor dem Kaiser spielen. 17-mal unternahm ich Tourneen durch Deutschland, Frankreich, Belgien, England, die Niederlande und Italien.

Die meisten Leute kennen meine „Kleine Nachtmusik". Doch neben Klavierstücken und Streichquartetten habe ich auch Opern geschrieben. Eine meiner bekanntesten Opern ist die „Zauberflöte". Darin geht es um den jungen Prinzen Peppino, der die Königstochter Pamina aus einer Burg befreit. Dabei kommt ihm seine Zauberflöte, die sogar wilde Tiere zähmt, zu Hilfe.

Meine „Zauberflöte" wurde im Jahre 1791 uraufgeführt. Die Oper war ein Riesenerfolg. Ich war aber zu der Zeit schon sehr alt und starb noch im Jahr der Uraufführung in Wien.

Mein Name ist Camille Saint-Saëns. Geboren bin ich im Jahre 1835 in der französischen Hauptstadt Paris, gestorben bin ich im Jahre 1921 in Holland. Ich möchte nicht angeben, aber bereits im Alter von drei Jahren konnte ich Noten lesen. Zunächst erlernte ich das Klavierspielen und gab Konzerte in Paris. Meine besondere Vorliebe galt immer schon den Opern. Ich kam deshalb auf die Idee, die Tiere musikalisch darzustellen. Mein Werk nannte ich den „Karneval der Tiere". Darin kommen unter anderem ein Löwe, Vögel, wilde Esel, Schildkröten, Fische im Aquarium, ein Vampir und ein Schwan vor.

Den „Karneval der Tiere" komponierte ich Ende 1886 als musikalischen Scherz. Er wurde auf einem Karnevalskonzert in London uraufgeführt. Niemand hätte geglaubt, dass dieses Werk mein berühmtestes werden sollte.

Übertrage alle farbig hinterlegten Buchstaben in den Lösungskasten
Diesen bedeutenden Komponisten kennst du sicher auch:

Knobelaufgaben

24 **Das verstreute Orchester**

Von den vier Musikern eines Orchesters (Alfred, Balduin, Claus und Detlef) wohnt einer im Norden, einer im Süden, einer im Westen und einer im Osten der Stadt. Zwei der Musiker, Alfred und der im Norden Wohnende, spielen Geige. Zwei andere, Claus und der im Osten Wohnende, können keine Geige spielen. Detlef ist jünger als der im Norden wohnende Musiker. Claus ist älter als der im Westen wohnende Musiker. Wo wohnen die einzelnen Musiker und welche Musiker spielen Geige?

Alfred: ______________________________

Balduin: ______________________________

Claus: ______________________________

Detlef: ______________________________

25 **Achtung, geheim!**

Anna hat Leon in der Pause einen Zettel zugesteckt. Ganz geheimnisvoll hat sie dabei ausgesehen. Als Leon den Zettel später öffnet, traut er seinen Augen nicht. Anna hat scheinbar völlig durcheinander irgendwelche Buchstaben aufgeschrieben. Oder könnte dies eine Geheimschrift sein? Leon sieht sich die Sätze genauer an …
Kannst du ihm helfen, die Botschaft zu entschlüsseln?

Mjfcfs Mfpo!
Bn Gsfjubh hfif jdi nju nfjofs Ubouf Ebojfmb bvg fjo Ljoefs-Lsjnjgftu.
Jdi gsfvf njdi tfis, xfoo ev njulpnnfo xjmmtu.
Ibtu ev Mvtu?
Efs Fjohbohtdpef mbvufu „Qsjwbuefuflujw".
Bmmft Mjfcf
Efjof BooB

____

____

____

____

____

Ein buntes Programm für Kinder – Gebrauchstexte lesen

Anna, Leon, Nilay und Simon haben nun endlich das lang erwartete Ferienprogramm „Seeräuber“ bekommen, das die Gemeinde für die Kinder in diesem Sommer wieder anbietet. Das Programm ist sehr umfangreich und interessant.

Es gibt Kurse zum Basteln, Malen, Fotografieren und Theaterspielen, ebenso wie Workshops zum Musikmachen oder zum Herstellen einfacher Instrumente. Für Leseratten steht ein Vorlesewettbewerb auf dem Programm und für besonders Mutige eine Geisternacht in einer Schlossruine. Sportliche Kinder können Ponyreitkurse besuchen und angehende Regisseure haben die Möglichkeit, ein bekanntes Filmstudio zu besuchen und den Schauspielern bei der Arbeit zuzusehen. Es gibt sogar Schnorchelkurse, bei denen die Kinder mit erfahrenen Tauchlehrern in einem Waldsee die Unterwasserwelt kennenlernen können. Auf einer Burg können die Kinder für einen Tag Ritter spielen und auch an einem typischen Rittermahl teilnehmen. Und wer es gerne anstrengender haben möchte, kann sich zu einer mittelschweren Bergtour anmelden.

Wie bereits im vorigen Jahr heißt es: rechtzeitig anmelden, denn viele der Kurse sind sehr schnell ausgebucht. Der Renner war im vorigen Jahr die Geisternacht, gefolgt von den Ponyreitkursen auf dem zweiten Platz. In der Beliebtheit gleich dahinter kam der Vorlesewettbewerb und dann die Schnorchelkurse. Anschließend ging es weiter mit dem Filmstudio, den Fotokursen und den Ritterspielen. Die Schlusslichter bildeten das Herstellen einfacher Instrumente, die Bergtouren und das Malen. Aber auch diese Veranstaltungen waren sehr gut besucht.

Angebote gibt es für Mädchen und Jungen zwischen 6 und 14 Jahren. Die Preise für die einzelnen Veranstaltungen liegen pro Kind zwischen 4 € und 25 €, je nachdem, ob Eintrittsgelder oder Verpflegung anfallen.

26 Achtung – fertig – Ferienspaß

a Lies den Text „Ein buntes Programm für Kinder“ genau durch und kreuze jeweils die richtige Antwort an.

Für **Mutige** gibt es …

Bungee-Springen. ☐ FE

eine Geisternacht. ☐ AN

Steilwandklettern. ☐ AB

Für **Leseratten** gibt es …

eine Bücherausstellung. ☐ RI

einen Büchereibesuch. ☐ PR

einen Vorlesewettbewerb. ☐ ME

Für **Sportliche** gibt es …

Ponyreitkurse. ☐ LD

Wasserskifahren. ☐ OG

einen Skater-Wettbewerb. ☐ LT

Anstrengend sind …

die Bastelkurse. ☐ RA

die Theaterkurse. ☐ EN

die Bergtouren. ☐ UN

Schnorcheln findet statt …

in einem Hallenbad. ☐ M

in einem Waldsee. ☐ G

in einem Fluss. ☐ K

Schreibe die markierten Buchstaben der Reihe nach in den Lösungskasten.
Vergiss nicht: Das Wichtigste für die Teilnahme an einem Ferienangebot ist die

.

b Erstelle eine Rangliste der zehn begehrtesten Angebote beim Ferienprogramm „Seeräuber“. Lies dazu den Text „Ein buntes Programm für Kinder“ genau durch und trage die Plätze von 1 bis 10 richtig ein.

Die Top Ten des Ferienprogramms „Seeräuber“:

Platz	Angebot
	Bergtouren
	Ritterburg
	Fotografieren
	Malen
	Ponyreiten
	Instrumente
	Filmstudio
	Geisternacht
	Vorlesen
	Schnorcheln

27 Richtig gelesen ist halb gegeistert und gebastelt

Du siehst hier die Informationen zu verschiedenen Ferienangeboten.

Angebot: Geisternacht

Anmeldung: bis spätestens 25. Juli unter der Nummer 01234 718

Beschreibung: Zunächst gibt es zur Stärkung für alle Geister-Kids ein kleines Hexenabendessen. Wenn die Dämmerung einsetzt und es auf der Schlossruine Schreckenstein langsam unheimlich wird, dann beginnen wir mit unserer Geisternacht. Du kannst dich gruseln, wenn du allein oder mit einem Partner bestimmte Orte in der Ruine aufsuchen musst. Geistergeschichten und Geisterspiele begleiten dich so lange, bis du müde bist und einschläfst.

Mitbringen: Schlafsack, Isomatte, Trainingsanzug, Waschzeug
Ort / Zeit: Abfahrt an der Ludwig-Grundschule am 5. August um 16 Uhr
Ankunft an der Ludwig-Grundschule am 6. August um 11 Uhr
Teilnehmer: Jungen und Mädchen (8 bis 12 Jahre)
Kosten: 17 €

Workshop: Herstellen einfacher Instrumente

Anmeldung: am Dienstag (8 bis 17 Uhr) einer jeden Woche im Zeitraum vom 1. August bis zum 15. September unter der Nummer 01234 718

Beschreibung: In diesem Workshop werden einfache Instrumente gebastelt. Ein erfahrener Instrumentenbauer zeigt euch, wie man einfache Instrumente wie Trommeln oder Saiteninstrumente baut. Jeden Donnerstag wird ein anderes Instrument gefertigt. Das Material wird im Kurs zur Verfügung gestellt. Freut euch jetzt schon darauf, wenn ihr euer Instrument dann ausprobieren dürft und es zu Hause oder in der Schule vorstellen könnt.

Mitbringen: Arbeitskittel, Rucksacktasche für das Instrument
Ort / Zeit: Musikschule am Rathausplatz
donnerstags 14.30 bis 16.30 Uhr
Teilnehmer: Jungen und Mädchen ab 9 Jahren
Kosten pro Nachmittag: 11 €

Kurs: Schnorcheln im Waldsee

Anmeldung: bis spätestens 28. Juli unter der Nummer 01234 718

Beschreibung: Die aufregende Unterwasserwelt kann man nicht nur in der Tiefsee erleben. Die heimischen Seen bergen viele Pflanzen und Tiere, die beobachtet werden können. Der Waldsee ist besonders geeignet für junge Schnorchler. Gut ausgebildete Tauchlehrer führen in das Erlebnis ein und passen auf, dass nichts passieren kann. Zwischen den kurzen Schnorchelversuchen ist genügend Gelegenheit zum Ausruhen. Auch für eine kräftige Brotzeit ist gesorgt.

Mitbringen: Badesachen, Handtücher, Schnorchel und Taucherbrille
Teilnehmer: Jungen und Mädchen ab 11 Jahren
Voraussetzung: Die Teilnehmer müssen sichere Frei- oder Fahrtenschwimmer sein.
Ort/Zeit: Jeden Mittwoch 13 bis 17 Uhr, Abfahrt mit dem Bus an der Römer-Grundschule pünktlich um 12 Uhr
Kosten: 18 €

Nur wer die Informationen zu den Ferienangeboten genau und richtig liest, erlebt keine unliebsamen Überraschungen.

Haben die Kinder auf der nächsten Seite die Informationen richtig verstanden? Wenn nicht, wo liegt der Fehler? Markiere die falschen Angaben oder das Problem und schreibe auf, was die Kinder falsch verstanden haben.

a Anna möchte an der Geisternacht teilnehmen. Ihre Tante Daniela hat ihr vorige Woche extra einen Schlafsack gekauft. Annas Mutter hat am 24. Juli unter der Telefonnummer 01234 718 angerufen und ihre Tochter angemeldet. Die 17 € Kosten übernimmt der Vater. Annas Taschengeld hätte da nicht ausgereicht Ganz schön aufgeregt läuft Anna mit ihrem Geistergepäck zum Treffpunkt an die Pestalozzi-Grundschule.

____

____

____

____

b Der neunjährige Sebastian ist sehr musikalisch. Seit einem Jahr nimmt er Klavierunterricht. Er interessiert sich für den Workshop „Herstellen einfacher Instrumente". Eine Trommel wollte er immer schon bauen. Am Donnerstag geht er mit seinem Kittel und einer großen Tasche zur Musikschule am Rathausplatz. Bis 14.30 Uhr hat er noch eine Menge Zeit und so kauft er sich im Schreibwarengeschäft noch zwei linierte Hefte für die Schule. Sebastians Bruder Felix darf am Kurs leider nicht teilnehmen, weil er erst sechs Jahre alt ist. Der Instrumentenbau ist nur für Teilnehmer ab neun Jahren. Sebastian freut sich, dass man an zwei Nachmittagen für nur 11 € zwei Instrumente basteln und behalten darf.

____

____

____

____

c

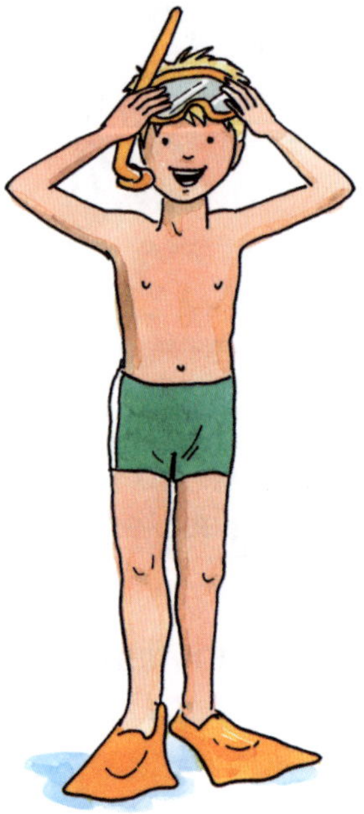

Leon ist am 25. April zehn Jahre alt geworden. In den Sommerferien möchte er den Schnorchelkurs besuchen. Seine Mutter meldet ihn unter der Telefonnummer 01234 718 an. Leon hat bereits im vorigen Jahr seine Fahrtenschwimmerprüfung gemacht. Heute ist nun der Kurs. Seine Mutter fährt ihn mit dem Auto zur Römer-Grundschule. Sie mahnt ihn: „Beeile dich ein wenig, Leon! Es ist schon gleich 12 Uhr."

____

____

____

____

____

Leon hat gestohlen? – Längere Texte genau erfassen

Sophie und Jörg haben sich am Nachmittag in der Stadt getroffen. Da es sehr heiß war an diesem Tag, schlug Sophie vor: „Komm, ich spendiere dir ein Eis, Jörg!“ Das ließ sich Jörg nicht zweimal sagen. „Eine gute Idee!“, rief er. Die Kinder stellten sich vor der Eisdiele in einer langen Reihe an. Denn an diesem herrlichen Tag waren noch viele andere Leute auf die Idee gekommen, ein Eis zu essen.

Auf der gegenüberliegenden Straßenseite lag das Geschenke- und Spielwarengeschäft Fantasy. Vor dem Geschäft parkte ein Polizeiauto. „Wahrscheinlich ein Überfall im Fantasy“, scherzte Jörg. „Zwei Kugeln Erdbeere und einmal Banane, bitte!“, bestellte Sophie bei der Eisverkäuferin. Endlich war auch Jörg an der Reihe: „Für mich bitte einmal Schokolade, einmal Nuss und einmal Himbeere!“

„Ciao!“, rief die Verkäuferin, als sie das Eis ausgegeben hatte. „Ciao!“, erwiderten die Kinder. Sophie hätte beinahe ihr Eis verschluckt, als sie zum Fantasy hinüberschaute. „Sieh mal da!“ Auch Jörg traute seinen Augen nicht.

Leon kam mit einem Polizeibeamten aus dem Fantasy. Während ein Polizist am Steuer des Wagens wartete, wurde Leon vom anderen Beamten ins Auto gesetzt. Auch der zweite Polizist stieg ein – und ab ging die Fahrt.

„Das glaubt doch keiner!“, meinte Jörg. „Leon hat bestimmt etwas beim Fantasy mitgehen lassen. Wozu wäre sonst die Polizei da!“, war sich Sophie sicher.

„Jetzt wird mir einiges klar“, stellte Jörg fest. „Letzte Woche hatte Leon plötzlich ein teures Sticker-Album und gestern führte er uns am Klassencomputer sein neuestes Computerspiel vor. Diese Sachen hat er bestimmt auch gestohlen.“

Schon am nächsten Tag hatte es sich in der Schule herumgesprochen wie ein Lauffeuer: Leon hat gestohlen. Keiner wollte daher mit Leon in der Pause spielen. „Haben sie dich gestern im Fantasy beim Klauen erwischt, was? Das hättest du klüger anstellen sollen!“, war der geistreiche Vorschlag von Michael. „Aber die beiden Polizisten waren wohl schneller!“, fügte Tanja schadenfroh hinzu. „Mit einem Dieb spreche ich nicht“, sagte Dana. „Aber ich habe bestimmt nicht gestohlen …“, versuchte Leon zu erklären. Doch die Kinder achteten gar nicht auf ihn. „Leon ist ein Dieb! Leon ist ein Dieb! Leon ist ein Dieb!“, begann Lea im Pausenhof zu rufen und immer mehr Kinder stimmten in diesen Chor ein. Leon sagte nichts. Er schüttelte nur den Kopf und schlenderte ins Schulgebäude. „Dem scheint das überhaupt nichts auszumachen – ein abgebrühter Dieb!“, waren sich Kevin und Lena einig.

„Das finde ich richtig gemein von euch, wie ihr mit Leon umgeht! Nur weil er ein Sticker-Album und ein neues Computerspiel hat, verdächtigt ihr ihn. Das lässt sich doch leicht erklären …“ Anna war die Einzige, die zu Leon hielt und ihn nicht wie alle anderen lauthals einen Dieb nannte. Das sollte sie auch gleich bereuen, denn Yvonne drohte ihr: „Du kannst gleich Dresche beziehen!“ Tom, Philipp und Dana meinten: „Dann spiel doch mit einem Ladendieb!“

Nach der Pause stritten die Kinder im Klassenzimmer noch weiter. Tom begann, Anna herumzuschubsen, weil die doch Leon verteidigt hatte. Nach wenigen Augenblicken lagen die beiden am Boden und balgten sich.

„Was ist denn hier los?“, wollte Frau Reber, die Klassenlehrerin der 4 b, wissen. „Sofort hört ihr auf!“ „Leon hat gestohlen und Anna gibt sich mit einem Dieb ab!“, riefen alle durcheinander. Leon war nicht da. „Der traut sich wohl jetzt doch nicht mehr in die Klasse. Vorhin war er noch voll cool“, kommentierte Stefan.

Frau Reber trennte die beiden Streithähne und wartete, bis alle auf ihren Plätzen saßen. Endlich war Ruhe eingekehrt.

„So – Leon hat also gestohlen? Dann könnt ihr mir doch sicher sagen, was er gestohlen hat? Na, was ist, Dana? Philipp? Kevin? Lena? Und die anderen, die mit Leon, dem Ladendieb, nichts mehr zu tun haben wollen?“

„Aber Jörg hat doch erzählt … und Sophie war sich sicher … und das neue Computerspiel von Leon … Philipp hat gemeint … Lea hat schließlich im Pausenhof angefangen … alle sagen doch … und die Polizei verhaftet doch nur Diebe …“, murmelten die Kinder der 4 b durcheinander und vergaßen alle Gesprächsregeln, die sie einmal gelernt hatten.

„Ach ja, alle sagen so!“, nahm Frau Reber das Gespräch auf, und mit gesenkten Köpfen und mucksmäuschenstill, sodass man eine Stecknadel hätte fallen hören, verharrten die Kinder in der Klasse. „Und weil alle so sagen, muss es auch so sein? Ein Verdacht reicht – und schon ist einer ein Dieb?“ Trotz der Stille hörten die Kinder die Glocke zum Stundenwechsel nicht.

Die Tür ging auf und Leon kam mit den beiden Polizisten herein. Wer jetzt vermutete, dass Leon in Handschellen vorgeführt wurde, sah sich enttäuscht. Ganz im Gegenteil. Leon schien seinen Auftritt zu genießen. Eine Unverschämtheit – wie konnte Leon noch lachen? Und Leon lachte noch mehr, als er in die erstaunten Gesichter seiner Mitschülerinnen und Mitschüler blickte: „Ich habe wirklich nichts gestohlen!“, begann er. „Dieser Polizist hier ist Polizeihauptmeister Ritter.“ Herr Ritter ergriff nun das Wort: „Und das ist mein Kollege Fecher.“

Und Polizeihauptmeister Ritter fuhr fort: „Ich bin nun wiederum der Onkel von Leon, dem ‚Meisterdieb‘. Den habe ich gestern zufällig im Fantasy getroffen und er durfte mit dem Polizeiauto mitfahren. Wegen dieses Missverständnisses habt ihr meinen Neffen zum Ladendieb gemacht. Vorhin erst erfuhr ich von Leon davon. Eigentlich sind wir nur hier, um mit euch die erste Unterrichtsstunde für die Fahrradprüfung zu halten. Aber das habt ihr Superdetektive vor lauter Ladendiebstahl wohl völlig vergessen.“

28 Leon, ein Ladendieb?

Lies den Text „Leon hat gestohlen?“ genau durch und kreuze jeweils die richtige Antwort an.

Sophie hätte beinahe ihr Eis verschluckt, weil …

- sie den Mund zu voll genommen hatte. ☐ BE
- Leon mit der Polizei aus dem Fantasy kam. ☐ VE
- Jörg ihr die ganze Waffel in den Mund schob. ☐ L

Das Polizeiauto …

- fuhr mit Leon und zwei Polizisten davon. ☐ R
- fuhr mit Blaulicht davon. ☐ WE
- fuhr ohne Leon weg. ☐ A

Leon zeigte in der Klasse …

- ein Sticker-Album und ein Handy. ☐ IS
- ein Computerspiel und ein Handy. ☐ DA
- ein Sticker-Album und ein Computerspiel. ☐ MU

Im Pausenhof …

- drohte Tanja Anna Dresche an. ☐ CH
- balgten sich Tom und Felix. ☐ E
- hielten Kevin und Lena Leon für einen abgebrühten Dieb. ☐ TU

Nach der Pause …

- war Leon nicht im Klassenzimmer. ☐ NG
- begann Tom, Anna herumzuschubsen. ☐ D
- stellte Frau Reber der Klasse 4 b einige Fragen. ☐ T

Trage die angekreuzten Lösungen der Reihe nach in den Lösungskasten ein.

Als Leon mit der Polizei aus dem Fantasy kam, hatten Sophie und Jörg schon eine

.

29 Keiner will mit Leon etwas zu tun haben

Wie ein Lauffeuer sprach sich herum, dass Leon von der Polizei aus dem Fantasy geführt wurde. Die Kinder wollten plötzlich mit Leon nichts mehr zu tun haben. Finde heraus, welche Kinder die folgenden Sätze gesagt haben, und schreibe ihre Namen in die Tabelle.

- **a** „Aber die beiden Polizisten waren wohl schneller!“
- **b** „Wozu wäre sonst die Polizei da!“
- **c** „Das hättest du klüger anstellen sollen!“
- **d** „Leon ist ein Dieb!“
- **e** „Mit einem Dieb spreche ich nicht.“
- **f** „Das glaubt doch keiner!“
- **g** „Vorhin war er noch voll cool.“
- **h** „Du kannst gleich Dresche beziehen!“

a								
b								
c								
d								
e								
f								
g								
h								

Trage die gelb hinterlegten Buchstaben, von unten nach oben gelesen, in den Lösungskasten ein.

Leon steht unter

.

30 Textspuren aufnehmen

Lies durch, welche Zusatzinformationen Anna, Leon und Polizeihauptmeister Ritter noch geben können, und entscheide, an welcher Stelle des Textes „Leon hat gestohlen?“ sie eingebaut werden könnten.
Gib die Zeilenzahl(en) an und schreibe den Satz, der vor dem jeweiligen Zitat steht, auf.

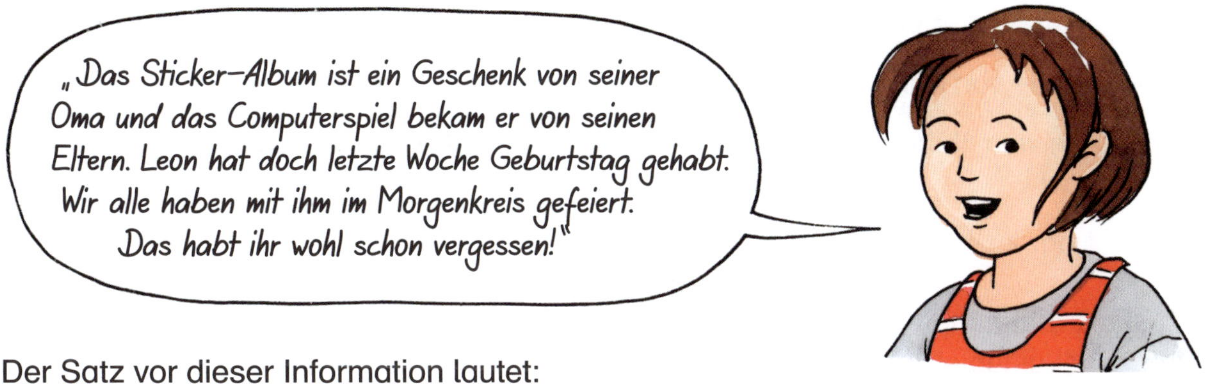

Der Satz vor dieser Information lautet:

____

Zeile(n): __________

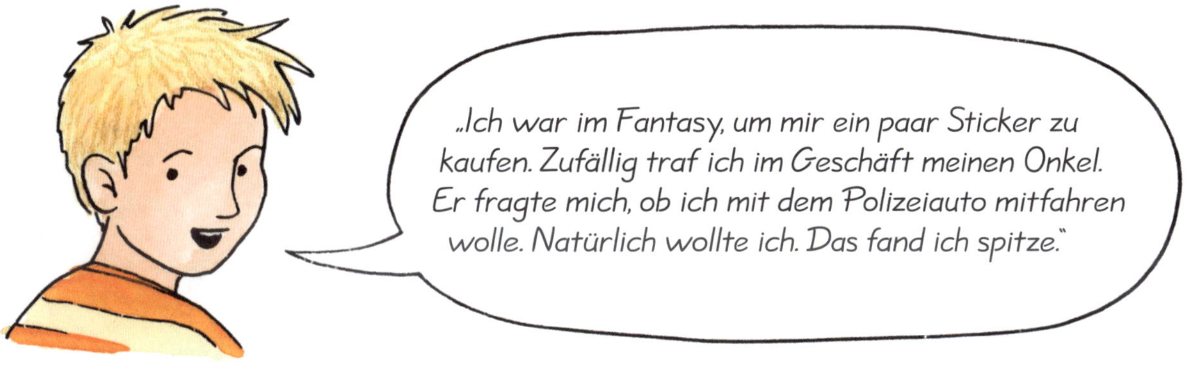

Der Satz vor dieser Information lautet:

____

Zeile(n): __________

Der Satz vor dieser Information lautet:

____

Zeile(n): __________

31 Und Anna?

Lies den Text auf Seite 37/38 und die Zusatzinformationen auf Seite 41 und kreuze an.

	richtig		falsch	
Anna ruft wie alle anderen: „Leon ist ein Dieb!"	☐	T	☐	D
Anna hält zu Leon.	☐	N	☐	E
Anna weiß, woher Leon das Sticker-Album und das Computerspiel hat.	☐	U	☐	D
Anna wurde von den anderen bewundert, weil sie zu Leon hielt.	☐	I	☐	E
Anna schweigt lieber, weil sie von den anderen nicht herumgeschubst werden will.	☐	A	☐	R
Anna steht zu ihrer Meinung.	☐	F	☐	D

Lies die markierten Kennbuchstaben von unten nach oben und trage sie in den Lösungskasten ein.

Anna ist ein wahrer ☐☐☐☐☐☐ .

32 Bettina macht sich schlau

Da Leon auch am nächsten Tag das Schulhofgespräch Nummer 1 ist, möchte Bettina wissen, wie das mit dem Ladendieb war. Yvonne ist noch immer ganz aufgeregt und erzählt Bettina:

„Al le g laub ten, da ssL eonei nLa dend iebi st.Da
smu ssteic hdoc hauc hglau ben.Sch ließl ichwu
rdeLe onv onderP olize iaus demF anta sygeh olt.
Esha tsi chab erhe rausg est ellt,d assL eon garn
icht gest ohle nhat.E ine rderP oli zis tenis tnäm
lichs einOn kel,de nerz ufäl ligi mSp ielw are nges
chäf tgetr offe nha t.Ic hhab emi chg ründl ich ge
irr tun dwer dem ichb eiLe one ntsch uldi gen.I chh
abe gele rnt,da sses bess eris t,nic htau fan derez
uhör en.InZ uk un ftwe rdei chmir mei nee ige neMe
inun gb ilden."

Stelle den „aufgeregten" Text richtig. Teile dazu die Wörter mit senkrechten Strichen ab. Entscheide dann, ob die folgenden Sätze ganz genau (**g**), nicht ganz genau (**n**) oder überhaupt nicht (**ü**) mit dem „aufgeregten" Text übereinstimmen.

	g	n	ü
Schließlich wurde Leon von der Polizei aus dem Fantasy geholt.	☐	☐	☐
Auch an die Lehrerin stellte Bettina einige Fragen.	☐	☐	☐
In Zukunft werde ich mir selbst eine Meinung bilden.	☐	☐	☐
Ich habe mich gründlich geirrt und will mich bei Leon entschuldigen.	☐	☐	☐

Sprachbetrachtung – Tipps zum Üben

Im zweiten Teil „Sprachbetrachtung“ werden schon bekannte und neu hinzukommende sprachliche Strukturen im Bereich der Wortarten und der Syntax vertiefend eingeübt. Sprache zu untersuchen und ihre Strukturen mithilfe grammatischer Begrifflichkeiten zu beschreiben, bereitet auf die analytische Sprachbetrachtung der weiterführenden Schulen vor.

Erlernen einer Fremdsprache

- Z. B. in der englischen Sprache unterscheiden sich die Wortbildung und die Syntax vom deutschen Sprachgebrauch. Im schulischen Unterricht erfolgt das Erlernen einer Fremdsprache auch über die Vermittlung regelhafter sprachlicher Strukturen. Ihr Kind hat einen deutlichen Vorteil, wenn es im Umgang mit metasprachlichen Begriffen geübt ist.

Korrektes Sprechen im Alltag

- Eine scheinbar banale Empfehlung: Sprechen Sie mit Ihrem Kind. Versuchen Sie dabei selbst, vollständige Sätze zu verwenden, damit Ihr Kind elliptische Wendungen wie „Ich geh Kino“ auffüllt. Fragen Sie nach: „Mit wem möchtest du ins Kino gehen? Welchen Film wollt ihr anschauen?“ Durch das Gespräch verbessert sich die sprachliche Leistung – und der emotionale Kontakt zu Ihrem Kind.
- Achten Sie möglichst darauf, dass Ihr Kind die vier Fälle des Namenworts richtig anwendet. Das ist besonders wichtig beim Dativ (nicht: „Ich geh schwimmen mit Freunde“) und beim Genitiv („Vaters Autoschlüssel“ und keinesfalls „Vater seine Autoschlüssel“).
- Viel lesen wirkt sich positiv auf alle Facetten der Sprachkompetenz aus. Dabei prägen sich Satz- und Wortbildungsmuster wie von selbst ein.

Übungsprinzip: Salamitaktik

- Wer isst schon gleich die ganze Wurst? Scheibchen für Scheibchen übt sich's am leichtesten. Und kleinere Lernportionen wird Ihr Kind eher tolerieren als den zweistündigen Kraftakt.
- Es bietet sich an, einzelne Kapitel parallel zum jeweils aktuellen Stoff der Klasse bearbeiten zu lassen. Denn für alles schulische Lernen gilt: Man kann es auch übertreiben …

Anna und Leon reisen in die Vergangenheit und in die Zukunft – Die Zeiten

„Nein, ich will mir nicht die Ohren waschen! Und den Hals auch nicht! Das ist Zeitverschwendung“, ruft Leon wütend aus der Badewanne. Seine Mutter verdreht die Augen und schweigt verärgert. „Die sind morgen sowieso wieder schmutzig!“, schimpft Leon. „Ich wandere aus! Ich gehe in ein Land, in dem man sich nicht so oft waschen muss.“ „Da musst du nicht in ein anderes Land, sondern ins Mittelalter reisen. Damals hielten viele Menschen Waschen für gefährlich“, antwortet die Mutter. Dann schrubbt sie Leon das Gesicht mit einem Waschlappen. Währenddessen versinkt Leon in seinen Gedanken. Mittelalter! Die Zeit der Ritter, Burgen und Pferde! Da hätte er leben sollen, das wäre schön gewesen!

33 Unterstreiche im Text die ersten fünf Verben (Tunwörter) und schreibe sie auf die Linien auf der nächsten Seite.
Setze sie dann in die Grundform (Infinitiv), in die Ich-Form im Präsens (Gegenwart) und in die Ich-Form im Präteritum (1. Vergangenheit).

Verben (Tunwörter) zeigen uns, in welcher Zeit ein Satz steht.

- Steht ein Wort im **Präsens** (Gegenwart), heißt das, dass etwas jetzt gerade oder immer wieder passiert.
  Beispiele:
  Die Mutter **freut** sich.
  Im Herbst **fallen** die Blätter von den Bäumen.
- Steht ein Wort im **Präteritum** (1. Vergangenheit), heißt das, dass etwas schon vorbei ist.
  Beispiel:
  Die Mutter **freute** sich.

Tipp!
Denke daran: Verben sagen uns, was jemand oder etwas **tut**.

1. will: wollen – ich will – ich wollte
2. ______
3. ______
4. ______
5. ______

Tipp!
Bei einigen Verben ändert sich der Wortstamm, wenn du sie ins Präteritum setzt, z. B. lasse – ließ.

34 Bis zum Abend hat Leon so viel über das Mittelalter nachgedacht, dass er nachts im Traum tatsächlich dorthin reist.
Neugierig schaut er sich um: Zwei Jungen spielen mit einem Holzreifen, den sie mit Stöckchen anschubsen, Bauern fahren mit einem Pferdewagen das Heu in die Scheune, mehrere Frauen waschen am Fluss die Wäsche, Schreiber schreiben Urkunden mit Tinte und Feder ab und bekommen dafür goldene Taler.
Wie anders alles aussieht als heute! Aufgeregt beobachtet Leon auch ein Ritterturnier und sieht einer Schankwirtin in einem Gasthaus zu.

Vergleiche früher und heute. Benutze wie im Beispiel das Präteritum (1. Vergangenheit). Unterstreiche die Verben (Tunwörter) blau.

Kinder spielen

Bauern fahren

Menschen waschen ihre Wäsche

sie schreiben

Früher spielten die Kinder mit Holzreifen, heute spielen sie mit dem Laptop.

35 Leon ist ganz begeistert von seinem Traum und erzählt Anna am nächsten Tag in der Schule davon. Unterstreiche in seiner Erzählung alle Verben (Tunwörter) im Perfekt (2. Vergangenheit) und ihre Hilfsverben rot.

- Wenn du ausdrücken möchtest, dass etwas gerade erst vorbei ist, verwendest du das **Perfekt** (2. Vergangenheit).
- Das Perfekt brauchst du auch, wenn du **mündlich** von einer Sache erzählst, die in der Vergangenheit liegt.
- Das Perfekt wird immer mit den **Hilfsverben** „haben“ oder „sein“ gebildet.

Beispiele:
Leon **hat** gerade von Rittern **erzählt**. (Hilfsverb „haben“)
Im Traum **ist** er ins Mittelalter **gereist**. (Hilfsverb „sein“)

Tipp!
Das Hilfsverb „sein“ wird benutzt, wenn man Verben der Bewegung ins Perfekt setzen will, also z. B. laufen oder gehen.

„Zuerst bin ich auf einem Marktplatz gelandet. Dort habe ich viel gesehen, es ist alles anders als bei uns gewesen. Dann bin ich zu einer Burg gegangen. Dort habe ich bei einem Turnier zugesehen. Der König und die Prinzessin sind auch da gewesen. Zwei Ritter in schweren Rüstungen sind aufeinander zugaloppiert und haben versucht, sich gegenseitig vom

Pferd zu stoßen. Nachdem einer der Ritter am Boden gelegen hat, haben sie mit Pfeil und Bogen aus hundert Schritten Entfernung auf große Holzscheiben geschossen. Zwei Bogenschützen haben sogar ins Schwarze getroffen. Zum Schluss haben die Ritter noch mit ihren Schwertern gekämpft."

36 Auch Anna ist von der Geschichte begeistert und erzählt nach der Schule ihrer Mutter davon. Schreibe ihre Sätze im Perfekt (2. Vergangenheit) auf.

Tipp! Wenn du einen Satz ins Perfekt setzt, verändert sich die Position des Verbs.

Leon war auch in einem Gasthaus.

____

Die Männer und ihre Kleider stanken fürchterlich.

____

Sie putzten sich ihre Finger an der Tischdecke ab und sprachen mit vollem Mund.

____

____

Nach einem großen Schluck Bier rülpsten sie laut und den leeren Krug warfen sie später einfach um.

____

____

____

Leon ekelte sich so sehr, dass er beschloss, sich von nun an immer freiwillig zu waschen.

____

____

37 Nach dieser Erzählung aus der Vergangenheit muss Anna an die Zukunft denken. Sie hat ganz genaue Vorstellungen, wie diese aussehen wird. Unterstreiche in jedem Satz die zwei Verben (Tunwörter), die das Futur (Zukunft) bilden, grün.

Wenn du ausdrücken möchtest, dass etwas **noch passieren wird**, dann verwendest du das **Futur** (Zukunft).
Das Futur wird gebildet mit dem Hilfsverb „werden" in der richtigen Personalform und dem Infinitiv (Grundform) des Verbs, das etwas über die Zukunft aussagen soll.

Beispiel:
Die Mutter **wird** sich **freuen**.

„In der Zukunft wird es keine Autos mehr geben, denn die Erwachsenen werden alle mit kleinen Flugzeugen fliegen. Diese werden ganz umweltfreundlich sein. Die Schule wird es immer noch geben, aber die Kinder werden viel mehr Ferien haben als heute. Häuser werden nicht nur auf der Erde, sondern auch auf anderen Planeten stehen. Dort wird es aber nicht so schön sein wie hier bei uns zu Hause."

38 Unterstreiche alle Sätze, die etwas in der Zukunft ausdrücken.

Tipp!
Achtung: Das Futur (Zukunft) wird – im Gegensatz zum Perfekt – oft auch ohne Hilfsverb verwendet.

Gestern und heute hat es den ganzen Tag geregnet.

Morgen aber wird die Sonne scheinen.

Nächstes Wochenende geht Anna mit ihren Eltern in den Zoo und sieht sich die Tiere an.

Affen und Elefanten mag Anna am liebsten.

Ein Elefant hat vor einiger Zeit ein Junges bekommen.

In einigen Jahren wird auch das Elefantenbaby ein ausgewachsener Elefant sein.

39 Schreibe die Sätze in den angegebenen Zeiten auf.

Leon leiht sich in der Bibliothek ein Buch über das Mittelalter aus.

Präteritum (1. Vergangenheit):

____

____

Futur (Zukunft):

____

____

Darin wird er sicher mehr über die tapferen Ritter erfahren.

Präsens (Gegenwart):

____

Perfekt (2. Vergangenheit):

____

____

40 Vervollständige die Zeiten-Tabelle.

Präsens (Gegenwart)	Präteritum (1. Vergangenheit)	Perfekt (2. Vergangenheit)	Futur (Zukunft)
ich glaube			
	du ranntest		
		es hat gefressen	
			wir werden treffen
ihr zieht			
	sie rissen		
		ich habe vergessen	
			du wirst schwimmen

41 Manchmal weisen Signalwörter in einem Satz schon auf eine bestimmte Zeit hin. Sortiere die hier aufgeführten Signalwörter in die Tabelle ein.
Welche weiteren Signalwörter für die Gegenwart, die Vergangenheit und die Zukunft fallen dir ein? Schreibe sie in die letzte Zeile.

gestern – in einem Monat – nun – momentan – vor einer Woche – morgen – letzten Dienstag – heute – nächsten Freitag

Gegenwart	Vergangenheit	Zukunft

42 Ein Wort in jeder Zeile passt nicht zum Rest. Streiche es durch.

strich – lief – stand – spielt – weckte – brachte

entwickelt – leuchtet – klettert – kroch – donnert – löffelt

Anna und Leon in der Türkei – Steigerung von Adjektiven, zusammengesetzte Adjektive

In den Sommerferien fliegen Anna und ihre Familie zusammen mit Leon, seiner Mutter und Familie Sali, ihren türkischen Freunden, in die Türkei. Dort wohnen sie zusammen in einem alten Haus der Familie Sali in Fethiye direkt am Strand und machen zwei Wochen Ferien.

Familie Sali hat drei Kinder: Yasemin, die älteste Tochter, ist zwölf, Kian ist zehn, genau wie Anna und Leon, und die kleine Sibel ist fünf Jahre alt.

Den ganzen Tag spielen die Kinder zusammen am Strand und baden im warmen Meer. Am Abend, wenn es ein bisschen kühler wird, gehen die Familien gemeinsam essen. Anna und Leon staunen am ersten Abend über die türkischen Nachspeisen: Es gibt zum Beispiel kleine Kuchen mit Pistazien, die sind unglaublich süß. Sehr viel süßer als deutsche Kuchen.

43 Schreibe wie im Beispiel Sätze zu den Bildern.
Überlege dabei, welche Adjektive (Wiewörter) passen könnten, und steigere sie.

- Adjektive (Wiewörter) kann man steigern, sie haben verschiedene Vergleichsstufen. Es gibt die **Grundform**, die **1. Vergleichsstufe** und die **2. Vergleichsstufe**.
  Beispiel:
  Grundstufe: Sibel ist **groß**.
  1. Vergleichsstufe: Kian ist **größer**.
  2. Vergleichsstufe: Yasemin ist **am größten**.
- Achtung: Manche Adjektive werden unregelmäßig gesteigert!
  Beispiele:
  gut – besser – am besten
  nah – näher – am nächsten
- Manche Adjektive lassen sich gar nicht steigern.
  Beispiele:
  egal, falsch, fertig, leer, schwanger

Tipp!
Denke daran: Adjektive sagen uns, **wie** etwas ist.

Das Auto ist schnell.

Der ICE ist

44 Am Strand haben die Kinder Urs aus der Schweiz kennengelernt. Urs wohnt mit seinen Eltern in Grindelwald, mitten in den Bergen. Die Kinder erzählen und vergleichen ihre Länder: die Schweiz, Deutschland und die Türkei.
Schreibe die Vergleiche der Kinder zu Ende. Setze dabei immer das passende Wort ein und steigere es.

heiß

Urs: „In der Schweiz ist es im Sommer *heiß*."
Anna: „In Deutschland ist es im Sommer *heißer*."
Kian: „In der Türkei ist es im Sommer *am heißesten*."

a scharf

Urs: „In der Schweiz ist das Essen ______."

Anna: „In Deutschland ist das Essen ______."

Kian: „In der Türkei ist das Essen ______."

b schön

Anna: „In Deutschland ist das Wetter ______."

Urs: „In der Schweiz ist das Wetter ______."

Kian: „In der Türkei ist das Wetter ______."

c viel

Urs: „Die Schweiz hat mit 8 Millionen Menschen ______ Einwohner."

Kian: „Die Türkei hat mit 75 Millionen Menschen ______ Einwohner."

Anna: „Deutschland hat mit 80 Millionen Menschen ______ Einwohner."

d hoch

Anna: „In Deutschland sind die Berge ______,
die Zugspitze zum Beispiel 2 962 Meter."

Urs: „In der Schweiz sind die Berge ______,
die Dufourspitze zum Beispiel 4 634 Meter."

Kian: „In der Türkei sind die Berge ______,
der große Ararat zum Beispiel 5 165 Meter."

45 Welche Steigerungen gibt es nicht? Streiche sie durch.

heller stummer am totesten am höchsten perfekter mehr einzigster breiter

Tipp!
Adjektive, die sich nicht steigern lassen, erkennst du ganz leicht. Du musst dir eine Steigerung nur genau vorstellen. Wenn ein Glas z. B. leer ist, ist es leer, leerer geht nicht.

46 Welche Adjektive (Wiewörter) sind hier gemeint?

Um Menschen, Tiere, Dinge oder Situationen besonders treffend zu beschreiben, helfen dir oft **zusammengesetzte Adjektive** (Wiewörter).

Beispiel:
leicht wie eine Feder: **federleicht**
scharf wie ein Messer: **messerscharf**

Tipp!
Manchmal muss du einen Fugenlaut einfügen, damit es passt. Beispiel: riesengroß

müde wie ein  ____________________

weich wie  ____________________

gerade wie eine  ____________________

rot wie  ____________________

stark wie ein  ____________________

dumm wie  ____________________

klar wie die  ____________________

Anna und Leon im Zoo – Die vier Fälle

Die Urlauber sind inzwischen aus der Türkei zurück, aber die Sommerferien sind noch nicht vorbei. Daher beschließen Anna und Leon, in den Zoo zu gehen. Staunend stehen sie vor den Gehegen und beobachten die Tiere.
Am Gehege des Lamas fällt ihnen zum ersten Mal ein Schild auf. Darauf steht: „Wer ist im Gehege?“
„Das Lama“, antwortet Anna und liest das nächste Schild: „Wessen Gehege ist das? … Moment, das sind ja blöde Fragen, da kommt ja immer nur Lama raus!“ Plötzlich lacht eine Frau hinter ihnen: „Schau mal genau hin! Es kommt nicht immer nur Lama raus!“
Leon liest laut vor: „Wer ist im Gehege? Das Lama. Wessen Gehege ist das? Das Gehege des Lamas. Wem gehört das Gehege? Dem Lama. Wen sehen die Besucher? Das Lama.“
Jetzt erkennt Anna: „Der Begleiter und das Wort Lama verändern sich in jedem Satz!“
„Richtig!“, nickt die Frau. „Ich bin hier mit einer Gruppe englischer Kinder, die in den Ferien Deutsch lernen, und die Kinder müssen diese Fragen zu jedem Tier richtig beantworten. Deshalb habe ich diese Schilder an vielen Gehegen aufgehängt.“
„Was lernen sie denn hier genau?“, fragt Leon. „Die vier Fälle natürlich!“, ruft Anna.

47 Setze das Nomen (Namenwort) mit seinem Artikel (Begleiter) im richtigen Fall ein.

Jedes Nomen (Namenwort) kann in vier verschiedenen **Fällen** stehen.
Man fragt danach mit verschiedenen Fragewörtern.

Beispiel:

1. Fall (Wer-Fall / Nominativ):
Wer oder was ist im Käfig? **Der Affe** ist im Käfig.

2. Fall (Wessen-Fall / Genitiv):
Wessen Käfig ist das? Es ist der Käfig **des Affen**.

3. Fall (Wem-Fall / Dativ):
Wem gehört der Käfig? Der Käfig gehört **dem Affen**.

4. Fall (Wen-Fall / Akkusativ):
Wen oder was sieht Leon? Leon sieht **den Affen**.

Tipp!
Wenn du den Fall änderst, musst du die Endung und den Artikel des Nomens anpassen.

a der Löwe

Wer oder was: ____________________ gehört zur Art der Katzen und lebt in der Gruppe.

Wessen: Es dauert etwa fünf Jahre, bis die Mähne ____________________ voll ausgebildet ist.

Wem: Die Mähne dient ____________________ zum Imponieren und Bedrohen von anderen Löwenmännchen.

Wen oder was: Bei Kämpfen schützt die Mähne ____________________ auch vor Verletzungen.

b die Giraffe

Wer oder was: ____________________ kann bis zu 5,5 Meter hoch werden.

Wessen: Der Hals ____________________ hat sieben Halswirbel – wie der Hals des Menschen.

Wem: Die mindestens 40 cm lange Zunge dient ____________________ als Greifwerkzeug.

Wen oder was: Die langen Beine können ____________________ nur auf festem Untergrund tragen.

c das Zebra

Wer oder was: ____________________ ist mit den Pferden verwandt.

Wessen: Die Streifen ____________________ dienen zur Tarnung im Gras.

Wem: Das Pferd und der Esel können mit ____________________ gekreuzt werden.

Wen oder was: Man kann ____________________ zum Beispiel in den Savannen Ostafrikas finden.

48 Welche Frage musst du stellen, um auf das rot gedruckte Satzglied zu kommen? Schreibe es auf die Linie.

Der Junge gibt **dem Affen** eine Banane. ____________________

Der Tierpfleger schrubbt den Rücken **des Nilpferds**. ____________________

Die Frau des Direktors bringt dem Gast **einen Tee**. ____________________

Tipp!
Grundsätzlich gilt:
Nicht in jedem Satz findest du alle vier Fälle!

49 Bilde aus den vorgegebenen Wörtern Sätze.
Unterstreiche anschließend den **1. Fall** (Nominativ) rot, den **2. Fall** (Genitiv) orange, den **3. Fall** (Dativ) lila und den **4. Fall** (Akkusativ) grün.

a Der Löwe – dösen – unter – der Baum.

____

b Der Affe – stehlen – der Besucher – heimlich – die Mütze.

____

____

c Der Papagei – nachplappern – das Schimpfwort – die Viertklässler.

____

____

d Der Wärter – öffnen – die Tür – der Löwenkäfig.

____

____

e Der Klassensprecher – kaufen – die Lehrerin – ein Zoo-Poster.

____

____

Zu Besuch bei Oma Gina – Satzglieder, Dativ- und Akkusativ-Objekte, Zeit- und Ortsangaben

Auf dem Heimweg von der Schule machen Anna und Leon gern eine kleine Pause bei Oma Gina. Oma Gina ist nicht ihre richtige Oma und heißt eigentlich Regina Tonnati, aber alle nennen sie Oma Gina. Sie ist Witwe und hat in der Querstraße eine kleine Wäscherei. Während des Bügelns erfindet sie wunderbare Geschichten und ab und zu darf man sich aus dem großen Glas auf ihrer Theke ein Kaubonbon nehmen.
Wenn Anna und Leon Oma Gina besuchen, sitzen sie mit dem Cockerspaniel Mario und dem Kater Zino auf der Bank im Bügelzimmer und wünschen sich immer neue Geschichten über Ginas Kunden, über die Haustiere und über Oma Ginas Abenteuer in Italien. In Oma Ginas Garten dürfen die Kinder aber nie – denn dort hängt sie die weißen Hemden zum Trocknen an die Leine und die dürfen natürlich nicht schmutzig werden.
Eines Tages beschließen Anna und Leon, Oma Gina eine Freude zu machen und sie zu überraschen. An einem Samstagabend nehmen sie vier alte T-Shirts und beschriften sie mit Stofffarben. Als es dunkel ist, schleichen sie in den Garten in der Querstraße und hängen die T-Shirts an die Leine. Am nächsten Morgen verstecken sie sich hinter dem Haselbusch, um zu sehen, wie Oma Gina sich freut, wenn sie aus dem Fenster sieht. Anna wirft noch einen letzten Blick auf die Wäscheleine und stellt erschrocken einen Fehler fest.

„Mist!“, flüstert Anna. „Wir haben in der Dunkelheit die T-Shirts verwechselt! Es sollte doch heißen: OMA GINA IST TOLL.“ „Macht doch nichts“, tröstet sie Leon. „So gehts doch auch!“ Anna überlegt. „Stimmt! Der Satz ist zwar umgestellt, aber der Sinn bleibt gleich.“

50 Stell die Sätze mehrmals um. Probiere alle Möglichkeiten aus.

Sätze kann man umstellen, ohne dass sie ihren Sinn verändern.
Wörter, die beim Umstellen eines Satzes zusammenbleiben, gehören zusammen.
Man nennt sie **Satzglieder**.

Beispiel:
Oma Gina kocht jeden Sonntag Pasta Bolognese.
Kocht Oma Gina jeden Sonntag Pasta Bolognese?
Jeden Sonntag kocht Oma Gina Pasta Bolognese.
Pasta Bolognese kocht Oma Gina jeden Sonntag.

a Oma Gina verschenkt immer Kaubonbons.

b Anna und Leon hören gern Geschichten.

c Kater Zino stiehlt dem Besucher die Wurst vom Brot.

51 Heute erzählt Oma Gina Anna und Leon nach der Schule eine Kriminalgeschichte:

„Der Kommissar Tausendschlau ist der beste Polizeibeamte, den die Polizei in London je hatte. Allerdings ist er sehr alt und schwerhörig und muss immer noch einmal nachfragen.
Einmal ist bei der Gräfin Powell ein wertvoller Ring gestohlen worden und der Diener James, die Zofe Lydia und die Köchin Mathilde erzählen, was sie gesehen haben.
‚Die Zofe hat das Fenster offen gelassen!', erklärt James.
‚Wer hat das Fenster offen gelassen?', fragt der Kommissar nach.
‚Die Zofe!'"

Frage selbst wie der schwerhörige Kommissar nach dem „Wer oder was?".
Unterstreiche im Antwortsatz das Subjekt (Satzgegenstand) rot.

Mit der Frage **„Wer oder was?"** findet man das **Subjekt** (Satzgegenstand) heraus.
Subjekte sind immer Nomen (Namenwörter) oder Pronomen (Fürwörter).
Das Subjekt kann aus mehreren Wörtern bestehen.

Beispiel:
Sie hat das Fenster offen gelassen.
(Wer oder was hat das Fenster offen gelassen? Sie.)

Tipp!
Das Subjekt (Satzgegenstand) steht nicht immer am Satzanfang!

Beispiel:
Niemand hat das Zimmer nach der Zofe betreten.

Wer oder was hat das Zimmer nach der Zofe betreten?

Antwort: *Niemand hat das Zimmer nach der Zofe betreten.*

a Die Köchin Mathilde hörte ein Geräusch im Zimmer.

Frage: ____________ hörte ein Geräusch im Zimmer?

Antwort: ____________

b Schnell rief sie den Diener James.

Frage: ____________

Antwort: ____________

c Der Diener James öffnete die Tür und hörte ein Krächzen.

Frage: ____________

Antwort: ____________

____

52 Unterstreiche in den folgenden Sätzen das Prädikat (Satzaussage) blau.

Mit der Frage **„Was tut jemand oder etwas?“** findet man das **Prädikat** (Satzaussage) heraus. Ein Prädikat ist immer ein Verb (Tunwort). Es kann auch zweigeteilt sein.

Beispiele:
Der Kommissar löst den Fall. (Was tut der Kommissar? Er löst.)
Der Kommissar wird das Geheimnis lüften. (Was tut der Kommissar? Er wird lüften.)

Der Kommissar befahl seinem Assistenten: „Besorg eine Leiter!“

Der Assistent kletterte mit der Leiter auf die Eiche im Schlosshof.

Diener James hielt die Leiter fest.

Auf dem Baum fand der Assistent ein Elsternnest.

Im Vogelnest befand sich der Ring.

Außerdem fand der Assistent noch einen Silberlöffel und zwei Haarspangen.

Damit hatten sie den Dieb überführt.

Die Beute wurde den rechtmäßigen Besitzern zurückgegeben.

Tipp!
Denke daran: Prädikate können auch aus zwei Wörtern bestehen!

53 Unterstreiche in den folgenden Sätzen das Dativ-Objekt (Wem-Ergänzung) lila.

- Meistens besteht ein Satz nicht nur aus einem Subjekt (Satzgegenstand) und einem Prädikat (Satzaussage), sondern auch aus Objekten (Satzergänzungen). Diese können im 3. Fall (Wem-Fall/Dativ) oder im 4. Fall (Wen-Fall/Akkusativ) stehen.
- Nach dem **Dativ-Objekt** (Wem-Ergänzung/Ergänzung im 3. Fall) fragt man mit **„Wem?“** oder **„Mit/Bei wem?“**.
  Dativ-Objekte sind immer Nomen (Namenwörter) oder Pronomen (Fürwörter).
  Beispiele:
  Leon schenkt seinem Vater ein Buch über Dinosaurier.
  (Wem schenkt Leon ein Buch über Dinosaurier? Seinem Vater.)

  Oma Gina fegt mit dem Besen das Zimmer.
  (Mit wem fegt Oma Gina das Zimmer? Mit dem Besen.)

Der Lehrer gibt dem Schüler ein Buch.

Leon kauft seinem Hamster Futter.

Oma Gina bringt ihrem Papagei Erdnüsse mit.

Anna hilft ihrer Tante beim Basteln.

Oma Gina flüstert ihrem Hund etwas ins Ohr.

Frau Neumann schreibt mit dem Füller einen Brief.

Tipp!
Wörter wie **mit**, **dem**, **seinem** und **ihrem** weisen auf ein Dativ-Objekt hin.

54 Setze die Wörter in Klammern als Dativ-Objekt (Wem-Ergänzung) in die Lücke ein, sodass sinnvolle Sätze entstehen.

Die Schuhe gehören ______________________________. (mein Vater)

Frau Neumann sagt den Termin bei ____________________ ab. (ihr Arzt)

Anna hilft ____________________________ bei den Hausaufgaben. (Leon)

Anna winkt ______________________________. (ihre Oma)

Leon gratuliert ______________________________ zum Geburtstag. (der Lehrer)

Anna sieht ______________________________ beim Backen zu. (die Mutter)

Eis schmeckt ______________________________ gut. (alle Kinder)

55 Familie Buchberger geht in der Stadt einkaufen. Alle haben viele Wünsche. Unterstreiche in diesen Sätzen das Akkusativ-Objekt (Wen-Ergänzung) grün.

Nach dem **Akkusativ-Objekt** (Wen-Ergänzung/Ergänzung im 4. Fall) fragt man mit **„Wen oder was?"**.
Auch Akkusativ-Objekte sind immer Nomen (Namenwörter) oder Pronomen (Fürwörter).

Beispiel:
Oma Gina versalzt die Suppe. (Was versalzt Oma Gina? Die Suppe.)

Frau Buchberger braucht einen neuen Mantel.

Anna will ein neues Computerspiel.

Tante Daniela benötigt ein Paar neue Schuhe.

Herr Buchberger ersteht eine reduzierte Hose.

Anna braucht einen neuen Radiergummi.

Tante Daniela wünscht sich eine Halskette.

Einen tollen Badeanzug sieht Frau Buchberger im Schaufenster.

56 Unterstreiche in den folgenden Sätzen die Dativ-Objekte (Wem-Ergänzungen) lila und die Akkusativ-Objekte (Wen-Ergänzungen) grün.

Anna verziert ihr Tagebuch mit einem bunten Stift.

Oma Gina winkt den Kindern mit einem Taschentuch nach.

Oma Ginas Hund Mario spielt mit dem Ball, frisst ein Leckerli und kaut dann einen Hundeknochen.

Kater Zino leckt sich die Pfoten und macht es sich mit seinem Lieblingsball in der Küche gemütlich.

57 Überlege dir eine passende Ergänzung. Schreibe in Klammern darunter, ob sie im Dativ (3. Fall) oder im Akkusativ (4. Fall) stehen muss.

Zum Geburtstag wünsche ich mir ______________________________.

(______________________________)

Leon hat ______________________________ einen Brief geschrieben.

(______________________________)

Vorgestern hat Anna ______________________________ besucht.

(______________________________)

______________________________ wünsche ich alles Gute.

(______________________________)

58 Streiche alle Wörter durch, die keine Zeitangaben sein können.
Unterstreiche alle Zeitangaben orange.

- Neben Subjekt, Prädikat und Objekten kann es in einem Satz auch Zeit- und Ortsangaben geben.
- Die **Zeitangabe** findet man mit der Frage **„Wann?“**.
  Eine Zeitangabe kann auch aus mehreren Wörtern bestehen.
  In einem Satz kann es mehrere Zeitangaben geben.
  Beispiele:
  Oma Gina singt von morgens bis abends.
  (Wann singt Oma Gina? Von morgens bis abends.)
  Um 11 Uhr kommt immer der Briefträger.
  (Wann kommt der Briefträger? Immer um 11 Uhr.)

auf der Turmspitze unterbrechen immer der Putztrupp

flattern das Modellflugzeug die Uhr fließen helfen

an meinem Geburtstag im Januar um 12 Uhr montags

das Gewächshaus die Wäscheleine jede Woche

in der Steinzeit um Mitternacht letzten Monat im Mittelalter

59 Unterstreiche in diesen Sätzen alle Zeitangaben orange.

Leons Vater liest gerade die Fernsehzeitschrift.

Er möchte nachher gerne fernsehen.

Dienstags kommt immer seine Lieblingssendung über Dinosaurier.

Die Dinosaurier lebten in der Kreidezeit.

Leons Mutter will um 18.15 Uhr auch gerne fernsehen.

Sie will aber immer Nachrichten sehen.

So müssen sie jede Woche einen Kompromiss finden.

60 Streiche alle Wörter durch, die keine Ortsangaben sein können.
Unterstreiche alle Ortsangaben gelb.

Die **Ortsangabe** findet man mit den Fragen **„Wo?“** oder **„Wohin?“**.
Eine Ortsangabe kann auch aus mehreren Wörtern bestehen.
In einem Satz kann es mehrere Ortsangaben geben.

Beispiele:

Oma Gina geht in die Querstraße.
(Wohin geht Oma Gina? In die Querstraße.)

Oma Ginas Papagei sitzt oben auf der Wäscheleine.
(Wo sitzt Oma Ginas Papagei? Oben auf der Wäscheleine.)

in der Hundehütte — der Ohrring — telefonieren

auf der Autobahn — hellblau — Möwe — im Parkhaus

schieben — blühen — hinter dem Vorhang — Pferd

auf dem Wasser — im Restaurant — in der Ruine

im Vogelhäuschen — im Baumhaus — arbeiten

finden — auf dem Rücken — dunkel — drehen

61 Unterstreiche in diesen Sätzen die **Ortsangaben** gelb.

Anna und Leon spielen auf dem Spielplatz. Leon klettert auf den Turm.
Anna sitzt auf der Schaukel. Sie schauen den Kindern im Sandkasten zu.
Hinter den Bäumen verstecken sich zwei Mädchen. Ein kleiner Junge sucht sie unter der Wippe. Die Mütter sitzen auf der Bank und schauen zu.

62 Verbinde jeweils mit der passenden Frage.

Subjekt (Satzgegenstand)	Wem?
Prädikat (Satzaussage)	Wen oder was?
Zeitangabe	Was tut jemand oder etwas?
Ortsangabe	Wer oder was?
Dativ-Objekt (Wem-Ergänzung)	Wo? Wohin?
Akkusativ-Objekt (Wen-Ergänzung)	Wann?

63 Unterstreiche: Das **Subjekt** (Satzgegenstand) rot, das **Prädikat** (Satzaussage) blau, die **Zeitangabe** orange, die **Ortsangabe** gelb, das **Dativ-Objekt** (Wem-Ergänzung) lila, das **Akkusativ-Objekt** (Wen-Ergänzung) dunkelgrün und **weitere Satzglieder** hellgrün.

Oma Gina gießt montags den Rosenkohl.
An der Haustür klingelt der Postbote.
Er bringt ein Paket mit neuen Schuhen.
Sofort probiert Oma Gina die neuen Schuhe an.
Die neuen Schuhe passen gut.
Sie macht gleich einen Spaziergang mit Mario.
Am Sonntag übt Oma Gina mit ihrem Papagei im Garten Kunststücke.
In den letzten Jahren brachte sie ihm schon viele Kunststücke bei.
Seit Januar kann er zwei neue Sätze sagen.
Abends geht Oma Gina immer mit Mario im Park spazieren.
Dort treffen sie stets andere Hunde.

Der Lügenbaron Münchhausen – Wörtliche Rede

Anna und Leon finden im Bücherschrank von Oma Gina ein Buch über Münchhausen. Neugierig beginnen sie zu blättern. „Wer ist denn dieser Münchhausen?“, fragt Leon. „Den Baron Hieronymus Carl Friedrich von Münchhausen nennt man auch Lügenbaron. Er hat vor etwa 250 Jahren in der Nähe von Braunschweig gelebt und viele Geschichten über seine Jagd, über Kriegserlebnisse und andere Abenteuer erzählt“, antwortet Oma Gina. „Oft hat er andere Adelige, den General und den Doktor, den Apotheker und den Pfarrer des Dorfes eingeladen und dabei seine Erlebnisse erzählt. Allerdings nicht nur das, was er wirklich erlebt hatte – er schmückte seine Erzählungen mit den unglaublichsten Lügen aus. Dabei log er so fantasievoll und einfallsreich, dass alle begeistert neue Münchhausen-Abenteuer hören wollten. Er erzählte zum Beispiel von seinem Ritt auf einer Kanonenkugel oder davon, dass er sich an den eigenen Haaren aus dem Sumpf gezogen hatte.“

64 Münchhausen erzählt seinen Gästen von seiner ersten Reise nach Russland. Unterstreiche die Begleitsätze blau und die wörtliche Rede rot.

- Das, was eine Person spricht, nennt man **wörtliche Rede**. Sie beginnt und endet mit **Anführungszeichen**.
- Oft ist die wörtliche Rede mit einem **Begleitsatz** verbunden. Der Begleitsatz kann vor der wörtlichen Rede stehen (vorangestellter Begleitsatz) oder auch danach. Nach der wörtlichen Rede heißt er **nachgestellter Begleitsatz**.
  Beispiel:
  „Ich habe Hühnchen gegessen“, sagte Münchhausen.
  wörtliche Rede — nachgestellter Begleitsatz

Manchmal steht der Begleitsatz auch **zwischen zwei Teilen** der wörtlichen Rede.
Beispiel:
„Ich wünsche euch“, sagte Münchhausen, „einen guten Appetit!“
wörtliche Rede — Begleitsatz — wörtliche Rede

Münchhausen erzählte: „Das erste Mal reiste ich im Winter nach Russland."

„Aber da hat es doch so viel Schnee!", unterbrach ihn der Apotheker.

„Ja, es gab viel Schnee", bestätigte Münchhausen, „alles war eingeschneit."

65 Unterstreiche die Begleitsätze blau und die wörtliche Rede rot.
Setze dann die richtigen Satzzeichen oder, wenn nicht erforderlich, kein Satzzeichen ein.

Welche Satzzeichen zwischen Begleitsatz und wörtlicher Rede stehen, hängt davon ab, wo der Begleitsatz steht.

- **vorangestellter** Begleitsatz: **Doppelpunkt**
  Beispiel:
  Münchhausen sagte**:** „Ich erzähle von meiner Reise nach Russland."
- **nachgestellter** Begleitsatz: **Komma**
  Beispiele:
  „Ich habe Hühnchen gegessen"**,** sagte Münchhausen.
  „Gibt es auch Hühnchen**?**"**,** fragte Münchhausen.
  „Ich wünsche euch einen guten Appetit**!**"**,** rief Münchhausen.
- Begleitsatz **zwischen zwei Teilen** der wörtlichen Rede:
  zwei Kommas
  Beispiel:
  „Ich erzähle von meiner Reise"**,** sagte Münchhausen**,** „und von meinem Pferd."

Tipp!
Beim nachgestellten Begleitsatz gilt: Ein **Punkt** am Ende der wörtlichen Rede fällt weg, **Frage-** und **Ausrufezeichen** bleiben stehen.

„Ich band mein Pferd an einen Pfahl und legte mich schlafen " erzählte Münchhausen

„Danach schlief ich tief und fest in meinem Schneebett " fuhr er fort

„Hat das Pferd Sie nicht geweckt " wollte der Apotheker wissen

„Doch, am nächsten Morgen hörte ich es wiehern " antwortete Münchhausen

„Ich sah mich um, konnte es aber nirgends entdecken " erzählte der Baron weiter

„Und was glaubt ihr " fragte er die anderen „wo ich mich befand "

66 Schreibe die Fortsetzung der Geschichte von Münchhausen jeweils als wörtliche Rede auf ein Blatt Papier. Überlege dir immer einen passenden Begleitsatz (BS) dazu und setze ihn an die angegebene Position. Denke dabei an die richtigen Satzzeichen!

Auf dem Friedhof! Das Pferd war an die Kirchturmspitze gebunden! *(vorangestellter BS)*

Am Tag davor hatte es so viel Schnee gegeben, dass auch ich mich dort oben befand. *(vorangestellter BS)*

Über Nacht aber war es warm geworden und der Schnee geschmolzen, so kam ich wieder hinunter, mein Pferd aber blieb oben. *(BS zwischen zwei Teilen der wörtlichen Rede)*

Zum Glück gelang es mir, das Pferd wieder wohlbehalten auf sicheren Boden zu bringen. *(nachgestellter BS)*

Die Fahrradprüfung – Bindewörter

67 Die Schüler der Klasse 4 b sind aufgeregt. Bald ist Fahrradprüfung! Jeden Dienstag treffen sich die Kinder schon vor 8 Uhr. Sie fahren gemeinsam zum Übungsplatz. Anna packt dafür ihren Helm ein. Anna packt ihr Pausenbrot ein. Anna packt ihre Warnweste ein. Die Kinder geben sich beim Fahren große Mühe. Die Polizisten sehen immer wieder kleine Fehler. Anton und Leon müssen die Runde nicht noch einmal fahren. Sie haben die Vorfahrtsregel missachtet.

Der Text oben klingt sehr abgehackt. Es fehlen die Wörter, die Sätze oder Satzteile verbinden und einen Text flüssiger klingen lassen.
Schreibe den Text schöner auf die Linien, indem du Bindewörter einsetzt.

- Mit **Bindewörtern** (Konjunktionen) lassen sich Sätze miteinander verknüpfen.
  Beispiel:
  Anna freut sich sehr. Bald darf sie mit dem Fahrrad in die Schule fahren.
  Anna freut sich sehr, **weil** sie bald mit dem Fahrrad in die Schule fahren darf.
  Oder umgekehrt:
  Weil sie bald mit dem Fahrrad in die Schule fahren darf, freut sich Anna sehr.
- Es gibt viele verschiedene Bindewörter.
  Beispiele:
  denn, dass, weil, daher, obwohl, um, ob, wie, während
- Zwischen zwei verknüpften Sätzen steht immer ein **Komma** – außer bei „und" und „oder".
  Beispiele:
  Anna übt fleißig**, obwohl** das viel Zeit in Anspruch nimmt.
  Weil in der Nähe ihrer Wohnung ein Park ist**,** hat sie viel Platz zum Üben.
  Sie lernt viele Regeln **und** die Bedeutung von Verkehrszeichen.

Die Schüler der Klasse 4 b sind aufgeregt, denn bald ist Fahrradprüfung!

68 Welches Bindewort (Konjunktion) passt? Setze verschiedene Bindewörter und, wenn nötig, ein Komma ein. Du darfst jedes Bindewort nur einmal verwenden!

Verrückte Welt

Leon fährt gerade über den Fußgängerüberweg ____________ ein Ufo landet.

____________ das Karussellpferd wiehert fahren sie los.

____________ Anna den Fahrradschlauch fertig gestrickt hat beginnt das Rennen.

Mattis hat eine Kirchenglocke am Lenker ____________ man ihn sicher hört.

Atasi findet Bremsen etwas für Anfänger ____________ kauft sich eine Hupe.

Ideenbox: obwohl als und oder aber nachdem da weil damit bis denn

69 Verbinde passend und schreibe die Sätze auf die Linien auf der nächsten Seite. Denke dabei auch an das Komma!

Anton wäre fast mit Leon zusammengestoßen	aber	die Polizisten waren sehr stolz auf sie.
Alle Kinder aßen ihre Pausenbrote	oder	alle ihren Helm aufgesetzt hatten.
Alle Schüler fuhren fehlerfrei	und	einen eckigen Rückstrahler.
Fahrräder haben einen runden	bis	Leon konnte gerade noch bremsen.
Frau Reber wartete	nachdem	sie in der Zirkus-AG ist.
Atasi übt sogar freihändig fahren	weil	sie eine Stunde gefahren waren.

Tipp! Denke daran: Vor **und** und **oder** gehört kein Komma!

70 Hier passen die Bindewörter (Konjunktionen) nicht.
Streiche sie durch und schreibe jeweils ein passendes darunter.

Ich fahre heute nicht Fahrrad, darauf es regnet.

Bettina kann nicht mit dem Rad fahren, also sie einen Platten hat.

Adrianos Fahrrad ist verkehrssicher, bevor es schon alt ist.

Leon packt Trinkflasche, Brotbox obwohl Taschentücher in den Rucksack.

Damit Anna die Prüfung bestanden hatte, freute sie sich sehr.

71 Im Suchsel sind 15 Bindewörter versteckt. Markiere sie gelb.

S	I	A	T	W	Ä	H	R	E	N	D	O	D	L	D	C	W	E	I	L	B	S	O
D	E	L	L	R	C	Ö	D	B	D	A	S	S	T	A	L	E	G	C	H	D	O	B
D	B	S	C	A	L	L	E	R	D	I	N	G	S	E	L	N	D	B	U	O	D	W
E	B	R	D	W	Y	M	X	B	E	V	O	R	E	K	L	N	A	O	K	J	A	O
N	L	J	B	I	S	K	L	E	E	C	I	H	U	N	D	T	N	G	F	H	S	H
N	D	O	D	E	R	S	O	N	D	E	R	N	S	R	E	B	N	H	U	L	S	L

Onkel Stefan erforscht die Steinzeit – Wortfelder, Unter- und Oberbegriffe

Anna sieht ihren Onkel Stefan sehr selten, weil er weit weg in einer Großstadt lebt. Dort arbeitet er als Archäologe im Landesmuseum. Anna findet das toll, weil er sehr viel von der Steinzeit und von den Schulklassen, die ihn besuchen kommen, erzählen kann. Deswegen freut sie sich sehr, als die Eltern ihr mitteilen, dass sie übers Wochenende zu Onkel Stefan fahren werden. Während der langen Autofahrt erzählt Annas Vater von Dingen, die er selbst über die Steinzeit weiß: von Neandertalern, Säbelzahntigern und Höhlenmalereien.

72 Schreibe alles, was zum Wortfeld **fahren** gehört, auf die Linien auf der nächsten Seite. Streiche alle anderen Wörter durch.

streiten düsen schreiben meinen

streiken rasen reisen

radieren zuckeln

glauben schimpfen

kutschieren

rufen

gondeln schleichen servieren

Ein **Wortfeld** wird aus einer Gruppe von Wörtern gebildet, die ein bestimmtes Wort ähnlich oder genauer ausdrücken.

Beispiel:
Wortfeld **brennen**:
glühen, glimmen, leuchten, schmoren, flackern, kokeln, rösten, knistern …

73 Als Annas Familie nach der langen Autofahrt bei Onkel Stefan ankommt, ist Anna sehr müde. Sie möchte nur noch schlafen. Onkel Stefan sagt ihr Gute Nacht und verspricht: „Gleich morgen gehen wir ins Museum!" „Oder wir rennen!", lacht Anna. „Oder wir marschieren!", erwidert ihr Onkel. Oder sie …

Sicher fallen dir auch noch Wörter ein, die zum Wortfeld **gehen** gehören. Schreibe sie in den Wortfeldkasten.

rennen

gehen

marschieren

74 Am nächsten Tag führt Onkel Stefan Anna und ihre Familie durch das Museum und erzählt ihnen viel vom Steinzeitalter, von damaligen Tieren und den Werkzeugen der Steinzeitmenschen. Als er mit seinen Erzählungen fertig ist, darf Anna selbst einmal Steinwerkzeuge ausprobieren.
Streiche alle Dinge durch, die nicht zu den Steinwerkzeugen gehören.

Turnbeutel, Bohrer, Schaber, Steinhammer, Radiergummi, Faustkeil, Radio, Nadel, Füller, Säge

Schreibe alle Wörter, die du nicht durchgestrichen hast, auf die Linie, dann hast du eine Wörtersammlung zum Oberbegriff **Steinwerkzeuge**.

____

Ein **Oberbegriff** ist die Zusammenfassung verschiedener Wörter aus einer Wörtersammlung. Statt Oberbegriff könnte man auch Überschrift oder Thema einer Wörtersammlung sagen.
Die Wörter der Sammlung nennt man **Unterbegriffe**.

Beispiel:
Oberbegriff: Fahrzeuge
Unterbegriffe: Auto, Bus, Dreirad, Fahrrad, Motorrad, Mofa, Roller, Zug

75 Streiche alle Wörter durch, die nicht zum Oberbegriff **Säugetiere** passen.

Hering Kuh Amsel Spinne Elefant Eidechse
Wolf Katze Hai Ziege Hund Ameise

76 Überlege dir zu jedem angegebenen Oberbegriff mindestens fünf Unterbegriffe und schreibe sie auf.

a Berufe

____

____

b Kleidung

____

____

c Obst

____

____

d Getränke

____

____

77 Welcher Oberbegriff passt zu diesen Unterbegriffen?

a ______________________

Tasse, Teller, Unterteller, Suppenteller, Suppenschüssel, Kaffeekanne

b ______________________

Bauklötze, Holztiere, Murmelbahn, Kasperlefiguren, Puppe

c ______________________

Rhein, Donau, Oder, Themse, Tiber, Amazonas, Nil

d ______________________

Onkel, Tante, Cousine, Cousin, Oma, Opa, Schwester, Bruder, Vater, Mutter

78 Welche Wörter aus dem Kasten passen zusammen? Sortiere zusammenpassende Wörter jeweils in eine Spalte und finde den passenden Oberbegriff.

Rose Stuhl Klavier Auto Gitarre Tulpe Regal
Margerite Tisch Oboe Orchidee Bett Tuba Flöte
Veilchen Schrank Geranie Narzisse Gänseblümchen
Sofa Posaune Trompete Nachttisch Orgel Kommode

Oberbegriff:	Oberbegriff:	Oberbegriff:

Ein Wort bleibt übrig. Welches? ______________________

Finde einen passenden Oberbegriff zu diesem Wort: ______________________

Anna, Leon und die Steckwürfel – Wortfamilien, Vor- und Nachsilben, Endungen, Substantivierungen

Anna und Leon haben einen Riesenberg Hausaufgaben auf. Neidisch schauen sie auf Nina, Leons kleines Nachbarsmädchen, das heute zu Besuch ist. Nina baut aus großen Steckwürfeln Raumschiffe und Pferde. Anna und Leon wollen auch lieber Steckwürfel bauen. Da ruft Leon: „Aber wir machen ja dasselbe! Wir stecken doch auch verschiedene Endungen an den Wortstamm – und dann entstehen neue Wörter!“ Anna stimmt zu. Sofort klebt sie **fahr** auf einen Steckwürfel, **en** auf einen zweiten und **plan** und **er** auf zwei weitere. Nun stecken sie damit Wörter: **fahren**, **Fahrplan**, **Fahrer**. Anschließend beschriften sie weitere Steckwürfel. Die Hausaufgaben sind so im Nu gelöst! Nur Nina schimpft, weil ihre Steckwürfel immer weniger werden.

79 Unterstreiche bei den Wörtern auf der nächsten Seite nur den Wortstamm. Sortiere die Wörter anschließend und schreibe sie zur richtigen Wortfamilie in die Tabelle.

- Wie die Menschen können auch Wörter verwandt sein und eine Familie bilden. Wörter mit gleichem oder ähnlichem Wortstamm bilden eine **Wortfamilie**.
  Der **Wortstamm** ist der Teil des Wortes, der bei allen verwandten Wörtern gleich bleibt.
  Beispiel:
  Wortfamilie **fahren**:
  Fahrer, anfahren, Fahrzeug, Gefahr, Fahrplan, abfahren, Fahrt, Fahrkarte …
  Der Wortstamm ist **fahr**.
- Achtung: In Ausnahmefällen kann sich der Wortstamm leicht verändern!
  Beispiele:
  schreiben *aber:* die Schrift
  stehen *aber:* der Stand
  sprechen *aber:* die Sprache
  gehen *aber:* der Gang

Hörweite Spielplatz umhören Waschung Hörer
vorspielen Hörgerät abwaschen
anspielen anhören
Wäsche Waschmaschine Spieluhr
Spielfigur
vorwaschen Angehöriger
Spielmann Waschanlage

Wortfamilie „hören“	Wortfamilie „spielen“	Wortfamilie „waschen“

80 Bilde aus dem Wortstamm **zieh** und verschiedenen Vorsilben noch zehn neue Wörter. Achtung: Manchmal musst du auch eine Endung oder eine Nachsilbe hinzufügen!

- **Vorsilben** sind Wortbausteine, aus denen du mit dem Wortstamm und oft auch einer Endung neue Wörter bilden kannst.
  Vorsilben sind:
  ab-, an-, auf-, aus-, be-, ein-, ge-, mit-, um-, un-, nach-, ver-, vor-, zer-, zu-
  Beispiel:
  Wortstamm **lauf**

  Vorsilbe + Wortstamm + Endung

  an- + lauf = Anlauf

  an- + lauf + -en = anlaufen

- Man kann auch mehrere Vorsilben kombinieren: Wortstamm **sicht**

  Vorsilbe + Vorsilbe + Wortstamm + Endung

  un- + vor- + sicht + -ig = unvorsichtig

abziehen

81 Bilde aus den folgenden Wortstämmen mit Nachsilben jeweils ein Adjektiv (Wiewort) und ein Nomen (Namenwort). Du darfst zusätzlich auch Vorsilben verwenden. Achte dabei auch auf die Groß- und Kleinschreibung!

Auch mit **Nachsilben** kannst du neue Wörter bilden.
Oft weist die Nachsilbe schon auf die Wortart hin.
Nachsilben für Adjektive (Wiewörter) sind z. B.: -bar, -isch, -ig, -lich, -haft, -sam
Nachsilben für Nomen (Namenwörter) sind z. B.: -heit, -keit, -nis, -ung, -tum

Beispiel:
Wortstamm **neu**

Wortstamm + Nachsilbe

neu + -heit = Neuheit *(Nomen)*
neu + -lich = neulich *(Adjektiv)*

Tipp!
Manchmal musst du weitere Buchstaben einfügen, damit es passt, zum Beispiel: neu – Neu**ig**keit

bild – *bildhaft, die Bildung*

zeit – ______

heil – ______

reich – ______

rein – ______

klein – ______

deut – ______

frag – ______

lang – ______

82 Sortiere diese Wörter mit verschiedenen Endungen, Vor- und Nachsilben nach Wortarten in die Tabelle.

abbaubar, ärgern, verzeichnen, bebaubar, baulich, zeichnerisch, Bezeichnung, ärgerlich, Bauland, zeichnen, Bebauung, bauen, abzeichnen, Zeichner, ausbauen, nachzeichnen, Zeichnung, aufbauen, Anbau

Weitere Bausteine, mit denen du neue Wörter bilden kannst, sind **Endungen**.
Du kannst eine Endung und eine oder mehrere Vorsilben zu einem Wortstamm hinzufügen.
Endungen sind zum Beispiel: -en, -end, -er, -n, -r, -s, -t

Beispiel:
Wortstamm **fahr**

Wortstamm + Endung

fahr + -er = Fahrer

Vorsilbe + Wortstamm + Endung

ab- + fahr + -t = Abfahrt

Nomen (Namenwörter)	Verben (Tunwörter)	Adjektive (Wiewörter)

Was fällt dir auf?
Kreuze nur die richtigen Aussagen an:

- ☐ Mit Vorsilben lassen sich verschiedene Wortarten bilden.
- ☐ Mit Nachsilben und Endungen lassen sich verschiedene Wortarten bilden.
- ☐ Die Nachsilben -ung, -heit, -keit und -nis bilden immer Verben (Tunwörter).
- ☐ Die Nachsilben -ung, -heit, -keit und -nis bilden immer Nomen (Namenwörter).

83 Nachdem Anna und Leon mit ihren Hausaufgaben fertig sind, muss Anna wieder an ihren Besuch bei Onkel Stefan im Museum denken. Sie erzählt Leon, was ihr Onkel über die Steinzeit berichtet hat.

Lies ihre Erzählung auf der nächsten Seite und nutze für die angegebenen Wörter passende Vorsilben.
Schreibe die entstandenen Wörter in die Lücken.
Die Ideenbox am Ende der Aufgabe hilft dir bei der Suche nach den Vorsilben.

a ziehen

Wenn die Steinzeitjäger die Wahl hätten, würden sie natürlich große Beutetiere vorziehen ____.

Wenn die Steinzeitmenschen von einer anderen Gruppe aus ihrer Höhle vertrieben wurden, mussten sie in eine andere Höhle ____. Nach der Jagd mussten die Männer den Wollnashörnern das Fell ____.

Wenn im Winter das gewebte Kleid zu kalt war, mussten die Menschen ein Fell ____. Damit das Schilfgras nicht verloren ging, musste der Mann den Sack fest ____.

b passen

Man musste die Steinspitze in der Breite an den Speer ____.

Wenn die Eltern auf der Jagd und beim Sammeln waren, mussten die größeren Kinder auf die kleinen ____. Die Jäger durften die vorbeiziehenden Rentierherden auf keinen Fall ____.

c schneiden

Die Felle von erlegten Tieren haben die Steinzeitmenschen weiterverarbeitet, dafür mussten sie sie aber zuerst richtig ____.

Mit feinen Feuersteinklingen konnten die Menschen sogar Äste ____.

Ideenbox: ab- an- auf- aus- be- ein- ge- mit- um- un- nach- er- vor- zer- zu-

84 Nicht bei allen Wörtern ergeben alle Vorsilben einen Sinn.
Streiche die falschen Wörter durch.

zersagen, aufsagen, mitsagen, vorsagen, gesagen, einsagen, besagen, aussagen, versagen, unsagen, nachsagen, zusagen, absagen, ansagen, umsagen

85 Wandle in verschiedene Wortarten um.
Nutze dafür auch Endungen, Vor- und Nachsilben.

Nomen (Namenwort)	Verb (Tunwort)	Adjektiv (Wiewort)
der Freund	anfreunden	freundlich
die Schuld		
	vergrößern	
		fürchterlich
die Süßigkeit		
	kleben	
		nass
die Schärfe		
	vernebeln	
		regnerisch
der Schlaf		
	erleichtern	
		müde

86 In den folgenden Sätzen sind ein Verb (Tunwort) und ein Adjektiv (Wiewort) plötzlich großgeschrieben. Welche? Unterstreiche sie rot.

Manchmal werden Adjektive (Wiewörter) oder Verben (Tunwörter) als Nomen (Namenwörter) gebraucht und großgeschrieben. Man nennt das **substantivieren**.

Beispiele:
das **Blau** des Himmels
Das **Kennenlernen** war super!

Tipp!
Signalwörter für eine Substantivierung sind z. B. **alles**, **nichts**, **viel**, **wenig** und alle **Artikel** (Begleiter).

Noch eine ganze Weile lang berichtet Anna viel Großartiges, das ihr Onkel über die Steinzeit erzählt hat. Leon ist ganz begeistert und kommt aus dem Staunen gar nicht mehr heraus.

87 Setze die passenden substantivierten Adjektive (Wiewörter) aus dem Kasten auf der nächsten Seite in die Lücken ein.

Das ________________ vom Himmel herunterlügen.
Alles ________________ zum Geburtstag!
Des ________________ zu viel.
Auf dem ________________ sitzen.

Im ______________________ tappen.

Im ______________________ fischen.

Den ______________________ ziehen.

Das ______________________ suchen.

trocken	blau	gut	dunkel	trüb	gut	weit	kurz

88 Adjektiv (Wiewort) oder substantiviertes Adjektiv?
Schreibe die Wörter richtig in die Lücken.

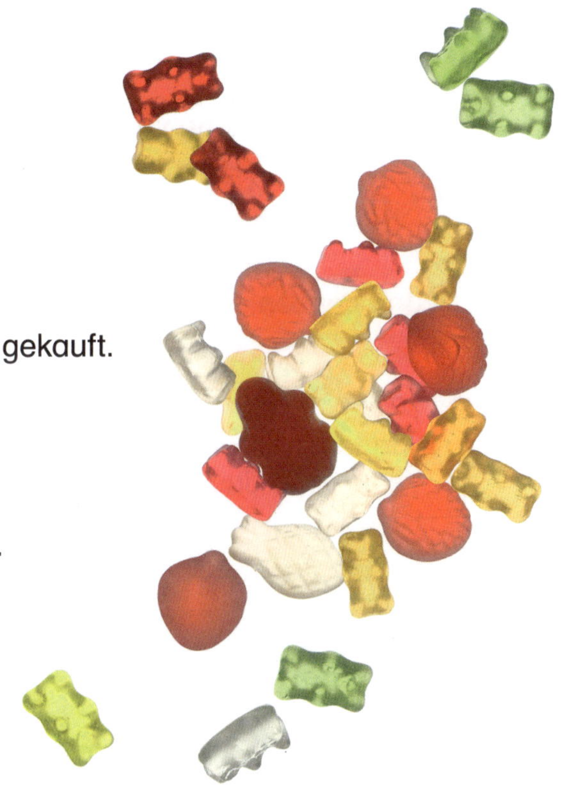

a klein

Das Mädchen ist ______________________.

Die ______________________ kann noch nicht sitzen.

b süß

Wir haben für die Party viel ______________________ gekauft.

Schokolade ist ______________________.

c blau

Das ______________________ des Himmels ist schön.

Der Himmel ist ______________________.

d neu

Wir haben eine ______________________ Nachricht.

Es gibt etwas ______________________.

89 Setze das passende Wort als Verb (Tunwort) oder substantiviertes Verb ein.

Beim ______________________ (spielen) habe ich gestern viel Spaß gehabt.

Wir ______________________ (spielen) gern ______________________ (verstecken).

Ans ______________________ (verlieren) möchte ich gar nicht denken.

Leon ______________________ (schreiben) eine SMS.

Im ______________________ (singen) war Maja schon immer gut.

Bastian ______________________ (lernen) Grammatik.

Tipp!
Denke daran, dass sich auch in den Wörtchen **beim**, **am**, **ins** usw. ein Artikel (Begleiter) versteckt, also eine Substantivierung folgt.

Knobelseite

Tipp!
Denke daran, dass sich der Wortstamm manchmal etwas verändern kann.

90 Finde heraus, welches Wort in die Lücke gehört.
Achte auf die richtige Groß- und Kleinschreibung!

Jagd in der Steinzeit

Vor allem im ______________ (Wort mit dem Oberbegriff „Jahreszeiten“), wenn Schnee lag, war es für den Steinzeitmenschen schwierig, genügend ______________ (Wortstamm: nahr, Endung: -ung) zu finden. Deshalb war die Jagd für das ______________ (Vorsilbe: über-, Endung: -en) sehr wichtig. Die Steinzeitmenschen hatten verschiedene ______________ (Oberbegriff von Speer, Lanze, Pfeil und Bogen) und Jagdmethoden. Große Beutetiere wurden in Fallen oder Moore getrieben und dann mit Steinen und Lanzen getötet. Manchmal trieb eine Jägergruppe das Beutetier auch in die Richtung der Schützen, die das Tier dann ______________ (Wortstamm: leg, Vorsilbe: er-). Der Nachteil der Lanze war, dass man sehr nahe an das Tier herankommen musste. Einen Speer konnten die Jäger aus größerem ______________ (Wortfamilie: stehen, Vorsilbe: ab-) schleudern. Allerdings waren Speere aufwendig herzustellen, daher gab es nur wenige. Der Jäger musste sich seines Ziels sehr sicher sein, um es ______________ (Wortstamm: schieß, Vorsilbe: ab-), sonst floh es und war schnell verschwunden. Nach der ______________ (Wortstamm: find, Vorsilbe: er-, Endung: -ung) von Pfeil und Bogen konnte sich ein Steinzeitjäger auch an das Wild heranschleichen und versuchen, es aus einem Versteck zu erlegen.

Leon versteht nur Bahnhof – Redensarten, Sprichwörter und Vergleiche

Leon steht auf dem Balkon und hört dabei zufällig eine Unterhaltung seiner Nachbarn mit. „Da ist mir der Geduldsfaden gerissen, das sag ich dir!“, ruft der eine. Und sein Gesprächspartner antwortet: „Lass dich bloß nicht für dumm verkaufen, da hast du vollkommen recht!“ Leon ist verwirrt, er versteht nur Bahnhof.

91 Verbinde die Redewendungen mit der richtigen Bedeutung.

Mit **Redewendungen** und **Sprichwörtern** kann man etwas bildhaft ausdrücken. Die Bedeutung lässt sich oft nicht sofort ableiten. Je öfter du aber Redewendungen und Sprichwörter liest, desto besser verstehst du, was damit gemeint ist.

Beispiel:
ins Fettnäpfchen treten:
ein Thema ansprechen, das dem Gesprächspartner unangenehm ist

jemandem den Kopf waschen	etwas Deutliches nicht sehen oder nicht verstehen
die erste Geige spielen wollen	etwas punktgenau formulieren
ein Brett vor dem Kopf haben	jemandem die Meinung sagen
jemandem Löcher in den Bauch fragen	sich für den Wichtigsten halten
zu allem seinen Senf dazugeben	aufgestellte Regeln nicht befolgen
den Nagel auf den Kopf treffen	jemanden sehr viel fragen
jemandem auf der Nase herumtanzen	zu allem seine Meinung sagen

92 Welche Redewendung oder welches Sprichwort ist gemeint?
Schreibe es unter die Abbildung und kreuze die richtige Bedeutung an.

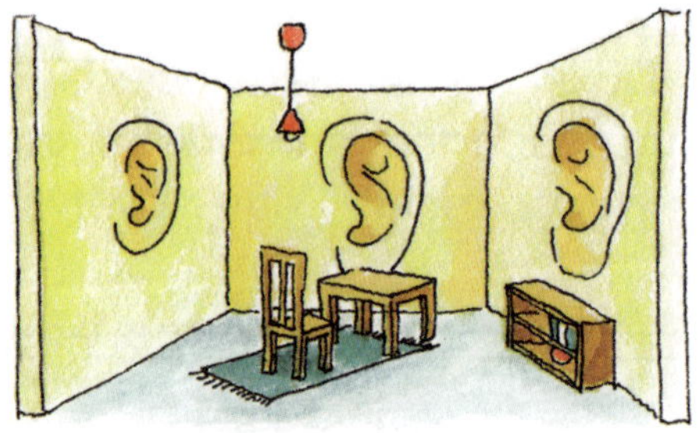

____

____

- [ ] Lass uns rutschen gehen!
- [ ] Ach, lass mich doch in Ruhe!
- [ ] Ich habe solche Rückenschmerzen!

____

____

- [ ] Achtung, hier wird man belauscht!
- [ ] Die Wände sind schön angemalt.
- [ ] Hier kann man Ohrringe kaufen.

93 Welche Person wird hier mit Vergleichen beschrieben?

Um Menschen, Tiere, Dinge oder Leistungen besonders treffend zu beschreiben, kann man neben Adjektiven (Wiewörtern) auch **Vergleiche** verwenden.

Beispiele:
Julian spricht viel. Er redet **wie ein Wasserfall**.
Pedro schläft tief. Er schläft **wie ein Murmeltier**.

Ihre Haut war weiß wie Schnee, ihre Lippen rot wie Blut und ihr Haar schwarz wie Ebenholz.

Es handelt sich um: ______________________

94 Was gehört zusammen?
Male die Felder rechts in der gleichen Farbe an wie das dazugehörige Wort links.

arm	wie ein Maulwurf
blind	wie die Made im Speck
schnell	wie der Wind
hungrig	wie eine Kirchenmaus
leben	wie ein Löwe

Übertritt an weiterführende Schulen – Tipps zum Üben

Der vierte Teil „Übertritt" bietet Ihrem Kind viele Übungsaufgaben zur Vorbereitung auf den Start an einer weiterführenden Schule oder auf die Aufnahmeprüfung. So kann der gesamte Deutschstoff der Grundschule wiederholt und geübt werden.

Allgemeine Hinweise

- Kommen Sie mit Ihrem Kind rechtzeitig darüber ins Gespräch, wie es nach der Grundschule weitergehen soll. Denken Sie gemeinsam über das Lernen nach und fragen Sie Ihr Kind: Was kannst du gut? Wo bist du besser geworden und was hast du dafür getan? Wie stellst du dir deine schulische Zukunft vor?
- Wenn Sie noch unsicher bezüglich der künftigen Schulart sind: Klären Sie Ihre eigenen Erwartungen. Welche Hoffnungen haben Sie? Was befürchten Sie, wenn Ihr Kind „nur" auf die Hauptschule ginge? Machen Sie sich bewusst, dass Schullaufbahnentscheidungen nicht unumkehrbar sind: Ein Wechsel ist auch später noch möglich.
- Falls Ihr Kind unbedingt aufs Gymnasium will (z. B. wegen der Freunde), aber sowohl Sie als auch die Lehrkraft meinen, dass es das nicht schafft, hilft nur ein offenes Gespräch. Erklären Sie Ihrem Kind die verschiedenen Schulformen und sprechen Sie über seine Arbeitsbereitschaft, seine Stärken und Fähigkeiten. Wo kommen die am besten zur Geltung?

Darauf sollten Sie achten

- Macht Ihr Kind regelmäßig (und möglichst ohne Aufforderung) Hausaufgaben?
- Schafft es seine Hausaufgaben in angemessener Zeit (im Durchschnitt nicht mehr als 60 Minuten)?
- Kann Ihr Kind Ereignisse in eine sinnvolle Abfolge bringen (z. B. bei einer Bildergeschichte?)
- Nimmt es alle Materialien mit in die Schule, die es an einem bestimmten Tag braucht?
- Wie steht es um sein Selbstbewusstsein?
- Toleriert Ihr Kind Misserfolge und Fehlschläge?
- Hat es Hobbys und vielfältige Interessen?

Selbstständig üben

- Auf der beiliegenden CD finden Sie alle Diktate zu den Aufgaben in diesem Teil, sodass Ihr Kind selbstständig üben kann.
- Beim Überprüfen und ggf. Korrigieren der Lösungen Ihres Kindes hilft Ihnen das herausnehmbare Lösungsheft.

Aufgabe 1

Aufsatz

1 Schreibe eine Erzählung zur unten abgebildeten Bildergeschichte.
Denke dir auch eine passende Überschrift aus.
Verwende die Ich-Form, so als ob du diese Geschichte selbst erlebt hättest.

Sprachbetrachtung

2 Kommissar Spürnase kauerte regungslos
in seinem bequemen Ohrensessel.
Am Nachmittag hielt er sonst stets
ein Nickerchen.
Aber dazu war keine Zeit, denn er hatte
seinen Leuten versprochen, dass er den Fall
noch heute lösen würde.
Plötzlich kam ihm eine Idee!

a Bestimme die unterstrichenen Satzglieder.

kauerte ____________________

in seinem bequemen Ohrensessel ____________________

am Nachmittag ____________________

ein Nickerchen ____________________

seinen Leuten ____________________

den Fall ____________________

eine Idee ____________________

b Ersetze die angegebenen Wörter durch andere Wörter derselben Wortart, die in dem oben angegebenen Text etwa den gleichen Sinn ergeben.
Achte auf die passende Form!

kauerte ____________________

bequemen ____________________

stets ____________________

ein Nickerchen ____________________

eine Idee ____________________

c Bilde zu folgenden Wörtern den Plural (Mehrzahl).

der Ohrensessel ____________________

der Nachmittag ____________________

das Nickerchen ____________________

der Fall ____________________

die Idee ____________________

3 „(1) Ich weiß, wer der Täter ist! (2) Er hat einen eindeutigen Fehler begangen. (3) Das hat ihn verdächtig gemacht."

a Bestimme die Wortarten der unterstrichenen Wörter.

weiß ______

der ______

Täter ______

eindeutigen ______

Fehler ______

ihn ______

verdächtig ______

b Setze Satz (1) ins Präteritum (1. Vergangenheit).
Achte darauf, dass es in diesem Satz zwei Verben (Tunwörter) gibt!

______

______

Setze Satz (2) ins Präsens (Gegenwart).

______

______

Setze Satz (3) ins Futur (Zukunft).

______

______

4 „Vor lauter Freude über seinen feigen Raub war der Dieb zu geschwätzig. Er hat vergessen, dass jemand, der zu leichtsinnig ist, schnell einen Fehler macht." Kommissar Spürnase freute sich heimlich darüber, dass er den Fall glücklich gelöst hatte.

a Suche zu jedem unterstrichenen Wort eines, das das Gegenteil bedeutet.

Freude ______

feige ______

geschwätzig ______

vergessen ______

jemand ______

schnell ______

b Setze jeweils die fehlenden Wörter aus der gleichen Wortfamilie ein.

Verb (Tunwort)	Adjektiv (Wiewort)	Nomen (Namenwort)
erschrecken	schrecklich	der Schrecken
freuen		
	heimlich	
	glücklich	

Leseverstehen

Vom „Tulpenfieber" zum Börsenkrach

Börse stammt vom lateinischen „bursa", was Ledersack (Geldbörse) bedeutet. Die Bezeichnung soll auch auf die belgische Kaufmannsfamilie „van der Burse" zurückgehen. Sie wohnte in Brügge am Platz „ter buerse", wo sich im 15. Jahrhundert Händler trafen, um Geschäfte zu machen.

Für die Kaufleute war es zu mühsam, ihre Waren mitzubringen. Deswegen tauschten sie untereinander Wechsel aus. Das sind Papiere, auf denen steht, dass für eine bestimmte Summe eine bestimmte Ware gekauft wurde – Wertpapiere also. Inzwischen gehen Menschen, um mit Aktien zu handeln, nicht mehr auf Marktplätze, sondern zur Börse. Dort wird der Aktienhandel per Computer gesteuert.

Im 17. Jahrhundert waren Tulpen in Holland sehr begehrt. Die Blumen kamen aus Zentral-Asien und waren sehr selten. Die Nachfrage nach den exotischen Pflanzen war aber größer als das Angebot und so stiegen die Preise für diese Zwiebeln ins Unermessliche. Viele Händler machten an den Börsen Gewinn, indem sie Tulpen-Wechsel kauften und für mehr Geld wieder verkauften. Doch irgendwann stiegen die Preise nicht mehr – im Gegenteil: Sie drohten zu fallen. Die Nachricht sprach sich herum und auf einen Schlag wollten alle ihre Wechsel wieder loswerden. Die Preise stürzten in den Keller und die Menschen verloren das Geld, das sie bezahlt hatten. Zu viele wollten plötzlich verkaufen und der Wert der Tulpenzwiebel-Wechsel sank.

Die sogenannte holländische „Tulpenmanie" von 1637 war der erste Börsenkrach der Geschichte. Solche Preis-Zusammenbrüche an Börsen gab es danach immer wieder: in New York im Jahr 1929, aber auch in Deutschland am 13. Mai 1927. Weil dieser Börsenkrach wie manch andere an einem Freitag war, wird häufig von einem „Schwarzen Freitag" gesprochen, wenn die Preise an der Börse fallen.

aus: www.kindernetz.de/infonetz/gewusst/boerse/-/id=16024/nid=16024/did=90128/1858jfl/index.html, Autorin: Cornelia Stenull, abgerufen am 11. 3. 2009

5 Kreuze an, ob die Aussagen richtig, falsch oder im Text nicht enthalten sind.

	richtig	falsch	nicht enthalten
Im 17. Jahrhundert waren Tulpen in Holland sehr begehrt.	☐	☐	☐
Doch irgendwann fielen die Preise nicht mehr – im Gegenteil: Sie drohten zu steigen.	☐	☐	☐
In Frankreich wird der Handel auch heute noch gesteuert.	☐	☐	☐
Die belgische Kaufmannsfamilie wohnte in Brügge.	☐	☐	☐

6 Die unterstrichenen Wörter ersetzen Nomen (Namenwörter), die im Text vorkommen. Schreibe die Nomen in die jeweilige Zeile.

<u>Sie</u> stürzten in den Keller. ______________________

Dort wird <u>er</u> per Computer gesteuert. ______________________

<u>Sie</u> gab es an Börsen immer wieder. ______________________

7 Ordne die Aussagen den einzelnen Absätzen zu, indem du die Nummer einträgst.

☐ Es werden mehrere Jahresdaten genannt.

☐ Die Entwicklung und der Einbruch der Börse werden beschrieben.

☐ Wie Kaufleute mit Aktien umgehen

☐ Der Begriff „Börse“ wird erläutert.

8 Beantworte in je einem Satz die Fragen.

Wie machten Händler an den Börsen Gewinn?

____

Warum spricht man bei einem Börsenkrach von einem „Schwarzen Freitag“?

____

Wann sind Aktien sehr teuer?

____

Wie vermieden es Kaufleute, ihre Waren mitbringen zu müssen?

____

Diktat

9 Höre dir Diktat 1 „Ein Missverständnis“ auf CD an und schreibe es auf ein extra Blatt.

Aufgabe 2

Aufsatz

1 Verfolgungsjagd

Erzähle die Erlebniserzählung nach der vorgegebenen Einleitung weiter.
Benutze die verwendete Zeitstufe und Erzählform.

Heute ist ein ganz besonderer Tag.

Anna hat Geburtstag. Als sie morgens die Augen öffnet, ist sie schon ganz aufgeregt. Welche Geschenke wird sie wohl bekommen? Alles, was sie sich gewünscht hat, oder etwas anderes? Schnell zieht sie sich an. Da ruft Mutter schon zum Frühstück. Vor Aufregung bekommt sie fast nichts hinunter, aber trotzdem zwingt sie sich etwas zu essen. Nach dem Frühstück schenkt ihr ihre Mutter ein großes Paket. „Was wird da wohl drinnen sein?“, denkt sich Anna. Sie knotet die Schleife auf und reißt dann vor lauter Ungeduld das Geschenkpapier ab. Oh Schreck, es ist ja nur altes Papier im Karton! Mit den Händen wühlt sich Anna durch das Papier. Auf einmal spüren ihre Finger etwas Weiches. Sie nimmt es vorsichtig heraus. Ihre Augen strahlen vor Freude, denn sie hat endlich das lang ersehnte Schmetterlingsnetz bekommen! „Mama, darf ich das Netz gleich im Garten ausprobieren?“, stottert Anna vor Aufregung.

Sprachbetrachtung

2 Der Löwe und die Mäuse

EIN LÖWE SCHLIEF IN SEINER HÖHLE. UM IHN HERUM SPIELTE EINE LUSTIGE MÄUSESCHAR. EINE JUNGE MAUS KROCH ÜBERMÜTIG AUF EINEN SPITZEN FELSZACKEN. PLÖTZLICH FIEL SIE HINAB AUF DEN KOPF DES WILDEN TIERES.

a Schreibe die Nomen (Namenwörter) mit ihrem bestimmten Artikel (Begleiter) heraus und bilde von jedem den Plural (Mehrzahl).

____

____

____

____

____

b Schreibe die Verben (Tunwörter) in der Grundform (Infinitiv) heraus.

____

____

c Bilde durch Zusammensetzung neue Wörter.

Bilde drei zusammengesetzte Nomen (Namenwörter) mit dem Wort „Löwe“.

____

Bilde drei Verben (Tunwörter) mit Vorsilben mit dem Wort „spielen“.

____

d Schreibe die Adjektive (Wiewörter) heraus und bilde die 1. Vergleichsstufe.

____

3 (1) Der Löwe packte das Tierchen mit seiner gewaltigen Pranke.
(2) Schnell entschuldigte sich die Maus voller Angst.
(3) Da schenkte ihr der großmütige Löwe das Leben.
(4) Sie versprach ihm dankbar Hilfe.

a Bestimme das Subjekt (Satzgegenstand).

Satz 1: ______________________________

Satz 2: ______________________________

Satz 3: ______________________________

Satz 4: ______________________________

b Bestimme das Prädikat (Satzaussage).

Satz 1: ______________________________

Satz 2: ______________________________

Satz 3: ______________________________

Satz 4: ______________________________

c Schreibe aus den Sätzen (3) und (4) das Dativobjekt (Satzergänzung im 3. Fall) heraus.

Satz 3: ______________________________

Satz 4: ______________________________

d Schreibe aus den Sätzen (3) und (4) das Akkusativobjekt (Satzergänzung im 4. Fall) heraus.

Satz 3: ______________________________

Satz 4: ______________________________

4 Schreibe den nachfolgenden Text über die hilfsbereite Maus in der Vergangenheitsform wie in Aufgabe 2 weiter.

Etwas später (benötigen) ________________ der Löwe wirklich die Hilfe der Maus.

Er (haben) ____________ sich in einem Netz verfangen.

Da (kommen) ____________ die dankbare Maus und (zernagen) ________________

die Stricke, die ihn (fesseln) ________________. So (werden) ________________ er

durch die Hilfe der Maus wieder frei.

5 Der Löwe bekam unerwartete Hilfe.

Finde vier Mitglieder der Wortfamilie „helfen/Hilfe“.

___

___

___

___

6 Nun haben wir es mit weiteren Tieren zu tun.

Ordne folgende Wörter in zwei Gruppen und schreibe die entsprechenden Oberbegriffe (Sammelnamen) dazu. Finde zu jedem Oberbegriff noch zwei eigene Wörter.

Löwe – Kuh – Gorilla – Bär – Pudel – Henne – Katze – Zebra

Oberbegriff	**Oberbegriff**

Leseverstehen

Das Wetter ist wechselhaft

Wenn wir über das Wetter reden, dann meinen wir Erscheinungen wie Sonnenschein, Bewölkung, Regen, Wind, Hitze und Kälte zu einem bestimmten Zeitpunkt und an einem bestimmten Ort auf dieser Welt. Das Wetter verändert sich ständig.
Von Ort zu Ort, von Tag zu Tag, manchmal auch von einer Minute auf die andere.
Während es hier regnet, scheint 100 km weiter die Sonne.
In der Sahara fällt jedoch nie Schnee und am Südpol gibt es keinen Tag im Jahr, der so warm ist, dass man in kurzen Hosen und T-Shirt herumlaufen kann.

Die verschiedenen Regionen dieser Welt haben im Verlauf eines Jahres unverkennbare Witterungen, z. B. mildes, raues, trockenes oder feuchtes Wetter.
Dieses fast gleichbleibende Wetter im Laufe vieler Jahrzehnte wird als das Klima einer Region bezeichnet.

Den größten Anteil an Wetterveränderungen hat die Sonne. Sie erwärmt verschiedene Teile der Atmosphäre, während sich die Erde um ihre eigene Achse dreht.

Warme Luftmassen steigen von der Erde auf und verdrängen kühlere Luftschichten.
Die Luftbewegung, die daraus entsteht, nennt man Wind.

Die warme Luft enthält Wasserteilchen, die durch die Verdunstung des Wassers auf der Erde entstanden sind. Dieser Wasserdampf verdichtet sich zu Wolken. Je höher die Luft steigt, umso mehr kühlt sie ab. Die Wolken werden immer schwerer und dichter. Irgendwann sind die Wolken so schwer, dass sie als Regentropfen, Schneeflocken oder Hagelkörner wieder auf die Erde prasseln. Der Weg des Wassers von der Erde in die Atmosphäre und zurück ist der Wasserkreislauf der Erde.

Die Sonne ist auch für die Temperaturen auf der Erde zuständig. Je senkrechter ihre Strahlen auf die Erde scheinen, desto heißer ist es in dieser Region. Über dem Äquator müssen die Sonnenstrahlen nur durch wenig Atmosphäre dringen. Die beiden Pole, Nord- und Südpol, werden schräg von den Sonnenstrahlen getroffen. Die Strahlung verliert auf ihrem langen Weg durch die Atmosphäre immer mehr Kraft. Die Antarktis, auf der sich der Südpol befindet, ist das kälteste Gebiet unserer Erde.

aus: www.kidsweb.de/schule/wetter/wetter_sachtext.html
Autorin: Claudia Buchczik, abgerufen am 11. 3. 2009

7 Nummeriere die Stichpunkte in der richtigen zeitlichen Reihenfolge des Textes.

- ☐ Wasserkreislauf
- ☐ Klima
- ☐ Temperatur
- ☐ Wind
- ☐ Wetter

8 Erkläre in einem Satz den Begriff „Klima“.

____

____

9 Kreuze die richtige Antwort an, die sich aus dem Text ergibt.

☐ Wasserdampf verdichtet sich zu Eis.
☐ Wasserdampf verdichtet sich zu Wolken.
☐ Wasserdampf verdichtet sich zu Flocken.

☐ Je höher die Luft steigt, umso mehr erhitzt sie sich.
☐ Je höher die Luft steigt, umso mehr erwärmt sie sich.
☐ Je höher die Luft steigt, umso mehr kühlt sie ab.

10 Schreibe die passende Frage zur vorgegebenen Antwort in eigenen Worten.

Frage: *Wie* ____

____?

Antwort: Die beiden Pole, Süd- und Nordpol, werden schräg von den Sonnenstrahlen getroffen.

11 Die fettgedruckten Wörter ersetzen Nomen (Namenwörter), die im Text vorkommen. Schreibe diese in die Zeile.

a **Sie** ist auch für die Temperaturen auf der Erde zuständig.

______________________ ist auch für die Temperaturen auf der Erde zuständig.

b Über **ihm** müssen die Sonnenstrahlen nur durch wenig Atmosphäre dringen.

Über ______________________ müssen die Sonnenstrahlen nur durch wenig Atmosphäre dringen.

c Den größten Anteil an Wetterveränderungen hat **sie**.

Den größten Anteil an Wetterveränderungen hat ______________________.

Diktat

12 Höre dir Diktat 2 „So ein Wetter“ auf CD an und schreibe es auf ein extra Blatt.

Aufgabe 3

Aufsatz

1 Ein seltsamer Streit

Schreibe zum Thema „Ein seltsamer Streit“ eine Fantasieerzählung.
Wähle als Erzählzeit das Präteritum (1. Vergangenheit) und schreibe aus der Sicht eines Erzählers in der „Er-Form“.

Sprachbetrachtung

2 Vom Waldrand aus konnten Anna und Leon einige Bauernhöfe sehen. Sie brauchten nur dem Schotterweg zu folgen, der durch die Felder führte, um zum Anwesen von Annas Großvaters zu gelangen. Seit vielen Jahren wohnte er allein in dem kleinen Dorf, züchtete Brieftauben und baute uralte Gemüsesorten an.

Bestimme die unterstrichenen Satzglieder.

vom Waldrand aus ____________________

Anna und Leon ____________________

dem Schotterweg ____________________

seit vielen Jahren ____________________

er ____________________

züchtete ____________________

uralte Gemüsesorten ____________________

3 Die beiden Kinder aßen lieber saftige Schnitzel als Großvaters gesundes Steinzeitgemüse. Das ärgerte ihn ein bisschen.

Bestimme die Wortarten der unterstrichenen Wörter.

die ____________________

aßen ____________________

saftige ____________________

Schnitzel ____________________

gesundes ____________________

ärgerte ____________________

ihn ____________________

4 Nicht alle Kinder mögen Fleisch. Manchen schmeckt Fisch besser. Aber wer sieht schon gern Blattspinat auf seinem Teller?

Setze die unterstrichenen Verben (Tunwörter) ins Präteritum (1. Vergangenheit) und ins Futur (Zukunft).

Präsens (Gegenwart)	Präteritum (1. Vergangenheit)	Futur (Zukunft)
nicht alle mögen		
manchen schmeckt		
Wer sieht gern?		

5 Leon und Anna hörten den Großvater im Geräteschuppen laut arbeiten, wo er auf dem Amboss sorgsam eine verbogene Eisenstange geradeklopfte.

Finde zu den unterstrichenen Wörtern jeweils zwei Wörter mit ähnlicher Bedeutung.

sorgsam ____________ ____________

klopfen ____________ ____________

6 Mit seinem alten, kaputten Strohhut auf dem Kopf schaute Großvater sehr lustig aus. „Hallo“, begrüßte er die beiden Kinder, „war es euch im Wald zu langweilig?“

a Suche zu jedem unterstrichenen Wort eines, das das Gegenteil bedeutet.

kaputt ____________

begrüßen ____________

langweilig ____________

b Bilde zu den folgenden Wörtern den Plural (Mehrzahl).

der Großvater ______________________

die Eisenstange ______________________

der Strohhut ______________________

der Kopf ______________________

der Wald ______________________

c Setze die jeweils fehlenden Wörter aus der gleichen Wortfamilie ein.

Verb (Tunwort)	**Adjektiv (Wiewort)**	**Nomen (Namenwort)**
		das Alter
	langweilig	
hören		
		der Ärger

7 Nach der Arbeit begleitete der Großvater Anna und Leon in den Wald.

Wandle den Aussagesatz in einen Fragesatz und in einen Aufforderungssatz um.

Fragesatz:

____

____

Aufforderungssatz:

____

____

8 Hänge an folgende Nomen (Namenwörter) die Nachsilben „-chen“ oder „-lein“ an und schreibe sie mit dem richtigen Artikel (Begleiter) auf.

der Bach ______________________

der Wald ______________________

das Haus ______________________

der Großvater ______________________

der Zwerg ______________________

der Kopf ______________________

das Kleid ______________________

Leseverstehen

Der Mensch ist, was er isst!

„Der Mensch ist, was er isst." Diesen Satz hast du bestimmt auch schon mal gehört. Viele fühlen sich aber in ihrer Haut nicht wohl. Sie denken, sie seien zu dick oder zu dünn. Wenn die Gedanken nur noch um das Essen kreisen, kann sich daraus eine schwere Essstörung entwickeln.

Manche essen fast gar nichts mehr, andere erbrechen sich nach den Mahlzeiten, wiederum andere essen übermäßig viel: Magersucht, Brechsucht oder Esssucht. Das sind Krankheiten, die lebensbedrohlich werden können.

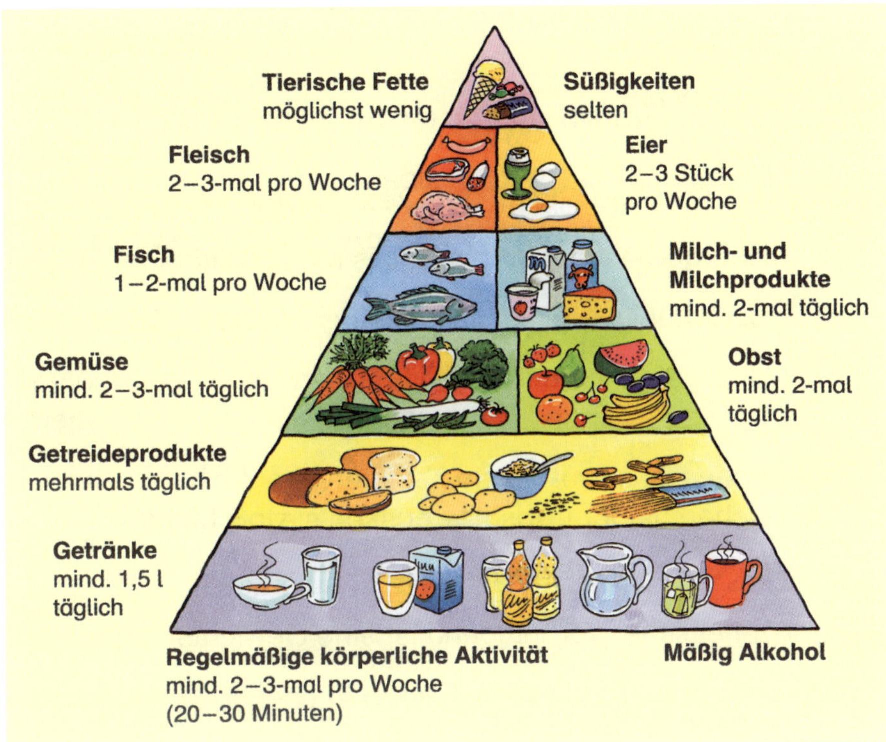

Besser als jede Diät ist aber, die Ernährung langsam und dauerhaft umzustellen. Ernähren wir uns falsch oder einseitig, können wir krank werden und Mangelerscheinungen bekommen. Viele leiden aber auch unter Übergewicht: Sie essen die falschen Nahrungsmittel und bewegen sich zu wenig.

Übergewicht muss nicht immer etwas mit übermäßigem Essen zu tun haben. Es gibt auch dicke Menschen, die sich gesund ernähren. Bei ihnen spricht man von genetischer Veranlagung.

Eine richtige Ernährung soll ausgewogen und abwechslungsreich sein, ohne Verbote und strenge Vorschriften. Wer nämlich mit Spaß und Lust isst, immer dann wenn der Hunger kommt, merkt, wann er satt ist und hört rechtzeitig auf zu essen!

aus: www.kindernetz.de/infonetz/thema/ernaehrung/-/id=29360/nid=29360/did=29356/16gj3sk/index.html
Autorin: Sandra Goller, abgerufen am 11. 3. 2009

9 Beanworte folgende Fragen in einem oder zwei Sätzen.

a Wie kann jemand eine Essstörung bekommen?

____

____

b Erkläre den Begriff „genetische Veranlagung“.

____

____

10 Kreuze drei lebensbedrohliche Krankheiten, die im Text genannt werden, an.

- ☐ Masern
- ☐ Röteln
- ☐ Esssucht
- ☐ Brechsucht
- ☐ Magersucht
- ☐ Blinddarmentzündung

11 Welche Aussage stimmt dem Text zufolge? Kreuze an.

- ☐ Übergewicht hat immer etwas mit übermäßigem Essen zu tun haben.
- ☐ Übermäßiges Essen ist stets der Grund für Übergewicht.
- ☐ Übergewicht muss nicht immer etwas mit übermäßigem Essen zu tun haben.

12 Folgende Sätze wurden im Text versehentlich vergessen.
In welchen der fünf Absätze passen sie am besten? Trage die Nummern richtig ein.

Dieser Satz passt zu …	Absatz
Bei genetischer Veranlagung ist eine Gewichtsverringerung schwierig.	
Wenn jemand zu wenig isst, kann er ebenso krank werden.	
Evi sagt: „Ich denke nur noch an Essen!“	
Unregelmäßiges Essen kann für den Menschen gefährlich werden.	

13 Kreuze die richtigen vier Aussagen an.

Eine richtige Ernährung muss …

- ☐ unregelmäßig
- ☐ ausgewogen
- ☐ lebensbedrohlich
- ☐ eintönig
- ☐ abwechslungsreich
- ☐ einseitig
- ☐ ohne Verbote
- ☐ ohne strenge Vorschriften
- ☐ schmackhaft

sein.

Diktat

14 Höre dir Diktat 3 „Die List der Mutter“ auf CD an und schreibe es auf ein extra Blatt.

Aufgabe 4

Aufsatz

1 Stadtpark – Raumschiff – Außerirdische

Verfasse zu den vorgegebenen Reizwörtern eine passende Geschichte. Suche dazu eine geeignete Überschrift. Erzähle im Präteritum (1. Vergangenheit).

Sprachbetrachtung

2 Die Mutter stellt einen süßen Pudding auf den runden Tisch.

Bestimme die Wortarten der unterstrichenen Wörter.

die ______________________

Mutter ______________________

stellt ______________________

süßen ______________________

Pudding ______________________

runden ______________________

3 Leon geht mit seinem Freund auf den Berg.

Bestimme, in welchem Fall die unterstrichenen Wörter stehen.

Leon ______________________

Freund ______________________

Berg ______________________

4 Nach dem Essen legt Anna das Buch auf den Tisch.

Bestimme Subjekt (Satzgegenstand), Prädikat (Satzaussage), Objekt (Satzergänzung), Ortsangabe und Zeitangabe.

Subjekt ______________________

Prädikat ______________________

Objekt ______________________

Ortsangabe ______________________

Zeitangabe ______________________

5 Schreibe die Sätze in der geforderten Vergangenheitsform auf.

Das Auto steht vor der Tür. (Präteritum/1. Vergangenheit)

____

Vater sitzt auf der Bank. (Perfekt/2. Vergangenheit)

____

Christina hat Glück. (Präteritum und Perfekt/1. und 2. Vergangenheit)

____

____

6 Bilde den Plural (Mehrzahl) und setze den entsprechenden Artikel (Begleiter) davor.

Fass ______________________________________

Herz ______________________________________

Kamm ______________________________________

Koffer ______________________________________

7 Als oder wie?

Setze bei den Steigerungsformen das richtige Wort ein.

a Christina ist größer ______________ Thomas.

b Susanne schreit so laut ______________ Frank.

c Thomas ist älter ______________ Johanna.

8 Streiche das unpassende Wort heraus und finde für den Rest der Nomen (Namenwörter) einen Oberbegriff (Sammelnamen).

Fahrrad – Schwimmreifen – Auto – Traktor

____

Kirche – Turm – Rathaus – Uhr – Scheune

____

Milch – Wasser – Tee – Eis

____

9 Bilde aus den Verben (Tunwörtern) Nomen (Namenwörter) und setze den richtigen Artikel (Begleiter) dazu.
(Beispiel: fürchten – die Furcht)

springen ______________________________

trennen ______________________________

reißen ______________________________

10 Vervollständige den Lückentext.

Leon führt d______ Freund ins Kinderzimmer.

Er zeigt i______ seine______ Spielsachen und d______ neue Lexikon.

Beim Abschied leiht er ihm ein______ sein______ Jugendbücher.

11 Finde zu den folgenden Oberbegriffen jeweils mindestens drei passende Unterbegriffe.

Sportgeräte ______________________________

Möbel ______________________________

Schreibwaren ______________________________

Spielsachen ______________________________

Gefühle ______________________________

Aufsatzarten ______________________________

12 Nach dem Spielen liegen viele Sachen auf dem Boden des Kinderzimmers:
vier Bälle, einige Bonbons, viele Hefte, drei Stifte, unzählige Plätzchenkrümel, ein Paar Schuhe, ein Tennisschläger, etliche CDs, sechs Kassetten, mehrere Blätter …

Ordne die bestimmten und die unbestimmten Zahlwörter in die Tabelle ein.

bestimmte Zahlwörter	unbestimmte Zahlwörter

Leseverstehen

Kontaktaufnahme aus dem All?

Ein seltsames Objekt am Himmel, das direkt auf die Erde zusteuert, landet … und heraus spazieren kleine, fremde Wesen. Solche Geschichten werden in vielen Büchern und Filmen erzählt. Mal sind die Außerirdischen freundlich, mal böse – aber sie reisen immer auf dieselbe Art durch das All: in einem UFO.

Was ist dran an solchen Geschichten?
Diese Frage versuchen ForscherInnen seit mehr als 60 Jahren zu beantworten.

Damals, im Juni 1947, entdeckte der amerikanische Pilot Kenneth Arnold leuchtende Scheiben am Himmel. Der Begriff „Fliegende Untertasse" war geboren.

Seit damals wurden Tausende von UFOs auf der ganzen Welt gesichtet, fotografiert oder sogar gefilmt. Es gibt eine Wissenschaft namens Ufologie und eine Art Hotline, bei der UFO-Sichtungen gemeldet werden können.

Gibt es also tatsächlich UFOs? Ja, denn die Abkürzung steht für „Unidentifiziertes Fliegendes Objekt". Solange also niemand weiß, was am Himmel gesehen wurde, bleibt dieses Objekt unidentifiziert – und somit ein UFO.

Die meisten dieser Fälle werden aber schnell aufgeklärt. Die Flugobjekte entpuppen sich als Sternschnuppen, Lichtreflexe, Scheinwerfer von Diskotheken – manchmal sogar als seltsam geformte Wolken.

Von Raumschiffen aus dem All oder kleinen grünen Männchen keine Spur. Niemand konnte bisher beweisen, dass außerirdisches Leben überhaupt existiert.

Auch die riesigen Radioteleskope, mit denen Wissenschaftler seit einigen Jahren den Weltraum abhören, haben bislang kein intelligentes Leben aufgespürt. Doch wer weiß, welche Überraschungen das Weltall noch für uns bereithält ;-).

aus: http://www.kindernetz.de/infonetz/gewusst/-/id=16024/nid=16024/did=113244/8cf6x1/index.html, Autorin: Sandra Goller, abgerufen am 11. 3. 2009

13 Ordne die Stichpunkte aus der Geschichte in der richtigen Reihenfolge.

- ☐ kein intelligentes Leben
- ☐ Ufologie
- ☐ Außerirdische sind freundlich
- ☐ fliegende Untertassen
- ☐ Flugobjekte entpuppen sich

14 Kreuze an, ob die Aussagen im Text richtig, falsch oder nicht enthalten sind.

	richtig	falsch	nicht enthalten
Ufos wurden 1974 entdeckt.	☐	☐	☐
Ufos wurden 1974 vom Amerikaner Kenneth Arnold entdeckt.	☐	☐	☐
München ist die Hauptstadt von Bayern.	☐	☐	☐
Ufos wurden 1947 vom Amerikaner Kenneth Arnold entdeckt.	☐	☐	☐

15 Antworte in einem Satz auf die Frage:
Wozu benutzen Wissenschaftler Radioteleskope?

____

____

____

16 Kreuze die richtigen Antworten an.

Im Text wird gesagt, dass sich Flugobjekte entpuppen als …

- ☐ Lichtreflexe.
- ☐ Scheinwerfer von Diskotheken.
- ☐ seltsam geformte Wolken.
- ☐ Scheinwerfer von Autos.
- ☐ Scheinwerfer von Flugzeugen.
- ☐ Sternschnuppe.

Diktat

17 Höre dir Diktat 4 „Das geheimnisvolle Licht“ auf CD an und schreibe es auf ein extra Blatt.

Aufgabe 5

Aufsatz

1 Ein unheimlicher Urlaub

Schreibe dazu eine Fantasieerzählung. Du darfst dir deine eigene Geschichte überlegen und sie niederschreiben.

Sprachbetrachtung

2 Eines Abends sitzt der Schäfer vor der Tür und raucht seine Pfeife, als es hinter dem Brennholz raschelt. Schnaubend kommt die Igelin angetrippelt und der Mutter folgen die fünf Kleinen.

Bestimme die unterstrichenen Satzglieder.

eines Abends ______

der Schäfer ______

raucht ______

seine Pfeife ______

hinter dem Brennholz ______

der Mutter ______

die fünf Kleinen ______

3 Der Schäfer ist ein ernster Mann und lacht selten. Heute aber muss er doch lachen; denn es sieht zu putzig aus, wie die kleinen Dinger hinter der Alten hertrotten.

Bestimme die Wortarten der unterstrichenen Wörter.

der ____________________

ein ____________________

ernster ____________________

er ____________________

putzig ____________________

Dinger ____________________

hertrotten ____________________

4 Der Schäfer legt den Hund an die Kette, damit die Igelfamilie nicht gestört wird.

Wandle den unterstrichenen Satz in einen Frage- und in einen Aufforderungssatz um.

Frage: ____________________

Aufforderung: ____________________

5 Es ist für den Schäfer und seine Frau ein Vergnügen, die Igelfamilie zu beobachten.

Finde zu den unterstrichenen Wörtern jeweils zwei Wörter mit ähnlicher Bedeutung.

Vergnügen ____________________ ____________________

beobachten ____________________ ____________________

6 Überall kratzen und scharren sie oder rennen hastig herbei, wenn die Mutter einen Wurm herangeschafft hat und ihn sich von den Kleinen wegnehmen lässt.

Setze die unterstrichenen Verben (Tunwörter) ins Präteritum (1. Vergangenheit) und ins Futur (Zukunft).

Präsens (Gegenwart)	**Präteritum (1. Vergangenheit)**	**Futur (Zukunft)**
sie kratzen		
ihr rennt		
sie lässt		

7 Setze die in Klammern angegebenen Wiewörter (Adjektive) in die geforderte Vergleichsstufe. (In einigen Fällen musst du noch kleine Wörter hinzufügen.)

Vater Igel ist ______________________ seine Frau. (**groß** in der Grundform)

Die Jungen laufen ______________________ er schauen kann. (**schnell** in der 1. Vergleichsstufe)

Der kleine Igel ist ______________________ (**hungrig** in der 2. Vergleichsstufe),

doch sein Bruder ist ______________________ er (**gefräßig** in der 1. Vergleichsstufe) und vertilgt die angebotenen Speisen.

8 Auch allerlei Essbares legt der Mann den Igeln hin. Butterbrote verschmähen sie, nicht dagegen frisches Fleisch und kleine Fische. Immer sind sie hungrig.

a Bilde zu jedem unterstrichenen Wort das Gegenteil.

verschmähen ______________________

frisch ______________________

hungrig ______________________

b Bilde zu folgenden Wörtern den Plural (Mehrzahl).

der Schäfer ______________________

die Tür ______________________

der Igel ______________________

der Wurm ______________________

das Butterbrot ______________________

c Bilde zu folgenden Verben (Tunwörtern) jeweils ein zugehöriges Nomen (Namenwort) und setze den entsprechenden Artikel (Begleiter) dazu.

sitzen ______________________________

lachen ______________________________

brennen ______________________________

legen ______________________________

Leseverstehen

Der Igel

Droht Gefahr, rollen sich Igel ganz schnell zu einer kleinen stacheligen Kugel zusammen. Bis zu 8 000 Stacheln stehen dann kreuz und quer vom Körper ab. Bei ihren natürlichen Feinden wie Füchsen oder Greifvögeln funktioniert dieser Abwehrmechanismus. Gegen Maschinen, Gifte und vor allem Autos sind die Tiere aber wehrlos.
Jedes Jahr werden allein in Deutschland rund 500 000 Igel überfahren. Um dafür zu sorgen, dass die kleinen Insektenfresser besser geschützt werden, wählte die Schutzgemeinschaft Deutsches Wild den Igel zum Wildtier des Jahres 2009.

Im Herbst sind besonders viele Igel unterwegs. Es ist höchste Zeit, sich den Winterspeck zuzulegen. Dann kommen sie in Gärten und Parks und stöbern nach Nahrung. Manchmal ist sogar lautes Schmatzen aus den Büschen zu hören. Dort sitzen die Igel am liebsten und fressen Schnecken, Würmer und Insekten. Ab November verziehen sie sich in ihre Löcher und Höhlen, um Winterschlaf zu halten. Zu einer kleinen Kugel zusammengerollt schlafen sie fünf bis sechs Monate und dürfen dabei auf keinen Fall gestört werden.

Igel sehen zwar niedlich aus und können auch richtig zutraulich werden, sie sind aber Wildtiere. Deswegen dürfen sie nicht aus ihrer natürlichen Umgebung entfernt und mit nach Hause genommen werden. Verletzte oder schwache Tiere sollten zum Tierarzt oder in eine Igelstation gebracht werden. Dort gibt es genaue Pläne, wie die Tiere am besten gepflegt werden. Sobald die Igel wieder gesund sind, müssen sie freigelassen werden.

aus: http://www.kindernetz.de/infonetz/thema/natur/igel/-/id=86822/nid=86822/did=124886/16cir0n/index.html, Autorin: Cornelia Stenull

9 Ordne die Bilder den einzelnen Absätzen zu. Kreuze an.

Absatz [1] [2] [3]

Absatz [1] [2] [3]

Absatz [1] [2] [3]

10 Nummeriere die Stichpunkte in der richtigen zeitlichen Abfolge im Text.

☐ um Winterschlaf zu halten

☐ wieder gesund sind

☐ kleine Insektenfresser

☐ vor allem Autos

11 Vervollständige die Sätze, indem du jeweils ein Kreuz setzt.

Igel sehen zwar recht niedlich aus, …

☐ sie sind aber Winterschläfer.

☐ sie sind aber Haustiere.

☐ sie sind aber Wildtiere.

Um Winterschlaf zu halten, …

☐ nisten sich Igel ein.

☐ verstecken sie sich im Keller.

☐ verziehen sie sich in ihre Löcher und Höhlen.

Igel sitzen am liebsten in Büschen und …

☐ fressen Schnecken, Würmer und Spinnen.

☐ fressen Bienen, Würmer und Insekten.

☐ fressen Würmer, Insekten und Schnecken.

12 Schreibe selbstständig eine passende Frage zur angegebenen Antwort.

Frage: ____

____?

Antwort: Dort gibt es genaue Pläne, wie die Tiere am besten gepflegt werden.

13 Schreibe zu jedem Abschnitt eine passende Überschrift.

Abschnitt 1 ____

Abschnitt 2 ____

Abschnitt 3 ____

Diktat

14  Höre dir Diktat 5 „Die gestohlenen Edelsteine“ auf CD an und schreibe es auf ein extra Blatt.

Aufgabe 6

Aufsatz

1 Schreibe eine Erlebniserzählung zu dem Thema „Ein aufregendes Wochenende“.
Die Erzählform (Ich- oder Er-Form) darfst du selber auswählen.
Benutze als Erzählzeit das Präteritum (1. Vergangenheit).

Sprachbetrachtung

2 Bestimme die unterstrichenen Satzglieder.

Alle elektrischen Geräte haben wir natürlich zu Hause gelassen.

alle elektrischen Geräte ______________________________

haben gelassen ______________________________

wir ______________________________

zu Hause ______________________________

3 Bestimme die unterstrichenen Satzglieder.

Meine Mutter hat gesagt, wir sollen Wasser in Leons Rucksack mitnehmen.

Meine Mutter ______________________________

hat gesagt ______________________________

Wasser ______________________________

Leons ______________________________

4 Bestimme bei den unterstrichenen Wörtern den jeweils geforderten Begriff.

Auf einer einsamen Insel warten auf Abenteurer keine Steckdosen!

einer	**Wortart**	
warten	**Wortart**	
warten	**Zeitstufe**	
Abenteurer	**Wortart**	
Abenteurer	**Zahl**	
Abenteurer	**Fall**	
keine	**Wortart**	

5 Setze den Satz ins Futur (Zukunft).

Wir haben uns auf alles vorbereitet.

____

____

6 Setze den Satz ins Präteritum (1. Vergangenheit).

Anna sieht die wunderschöne Insel.

____

____

7 Leon und Anna bauen sich eine Hütte aus alten Brettern.

a Finde vier weitere Wörter aus der Wortfamilie „bauen".

____

b Erweitere die Wortreihe um ein Wort.
Höhle – Zelt – Hütte – Eigenheim – Villa –

____

c Was müssen die Leon und Anna tun, bevor sie ihre Hütte „bauen" und „beziehen" können? Setze das fehlende Verb (Tunwort) ein.

eine Hütte ______________
eine Hütte bauen
eine Hütte beziehen

8 Ballon – Hubschrauber – Rakete – Flugplatz – Segelflugzeug

Streiche das Wort durch, das nicht passt.
Suche für die übrigen Wörter einen Oberbegriff (Sammelnamen).

____

9 Die Ankömmlinge übergaben den Inselbewohnern wertvolle Geschenke. Sie bedachten aber nicht, dass sich diese Geschenke nicht recht für deren Gebrauch eigneten.

Unterstreiche die Verben (Tunwörter), die in der Vergangenheit stehen, und schreibe sie in der Grundform (Infinitiv) heraus.

____

____

Leseverstehen

Ein Leben auf dem Meer

Eigentlich wohnt Familie Fox in dem dänischen Städtchen Gravenstein nahe der deutschen Grenze. Schon seit einigen Jahren träumte der Vater davon, eines Tages um die Welt zu segeln, und so begann er irgendwann, ein eigenes Schiff zu bauen. Im Juli 2007 war es schließlich so weit: Der sonnenblumengelbe Katamaran „Hermann Heinrich" lag startklar im kleinen Hafen seiner Heimatstadt. Die Segel wurden gesetzt und Freunde in einem großen Fest verabschiedet. Das war für die beiden Brüder besonders schwer. Vor allem Felix, der ältere der beiden, war sich sehr unsicher, ob er mitfahren und all seine Freunde zurücklassen sollte.

Doch schließlich siegte die Neugier. Neugier auf das Unbekannte, auf ein Leben auf dem Meer, abhängig von Wind und Wetter. Inzwischen antwortet Felix, wenn seine Eltern ihn fragen, ob er gern noch ein weiteres Jahr unterwegs wäre: „Na klar!" Auch wenn er auf die Frage, was er am meisten vermisst, immer noch seine Freunde nennt, während Marvin seine E-Gitarre vermisst. Aber ganz so einsam, wie man sich das Seemannsleben vorstellt, ist es dann doch nicht: „Wir sind ja nicht die einzigen Kinder, die mit ihren Eltern unterwegs sind", erzählen die Jungs. Außerdem gibt es auf dem Meer so viel zu entdecken und zu erleben, dass gar nicht viel Zeit zum Grübeln oder für Heimweh bleibt. Beide Jungs haben ein oder zwei Erlebnisse, an die sie sich besonders gern erinnern. Marvins bisher schönste Zeit auf dem Katamaran waren Weihnachten, Silvester und ein Treffen mit den Großeltern. Felix hat es besonders beeindruckt, als die Familie einmal nachts bei Meeresleuchten Delfine beobachten konnte: „Durch das Meeresleuchten ziehen sie Lichtstreifen durch das Wasser, und das sieht richtig elegant aus.“

Natürlich ist das Leben auf der „Hermann Heinrich“ nicht immer nur aufregend, denn auch auf einem Boot gibt es einen Alltag.
Morgens haben die Jungs von 9 Uhr bis 12.30 Uhr Unterricht – ihre Lehrer sind die Eltern. Sie unterrichten Marvin und Felix in Deutsch, Englisch, Mathe und Naturwissenschaften; es gibt sogar Tests und Hausaufgaben. Sowohl Schüler als auch Lehrer sind zufrieden: „Meine Eltern sind als Lehrer aushaltbar und ich habe mit ihnen nur selten Zoff wegen der Schule“, sagt Felix. Auch Marvin findet, seine Eltern sind gute Lehrer, und die sind stolz auf die Fortschritte ihrer Söhne. Nach einer gemeinsamen Mittagspause gehen die Eltern von Marvin und Felix arbeiten: Sie drehen Filme, schreiben Berichte, aktualisieren ihre Homepage. Nachmittags wird gemeinsam das Deck geschrubbt, damit die acht Füße den Dreck abends nicht mit in die Kojen nehmen.

Die ständige Nähe auf dem Schiff hat die Familie zusammengeschweißt. Die Brüder haben gelernt, sich nicht mehr wegen Kleinigkeiten zu streiten und stattdessen Kompromisse einzugehen. „Nur wenn uns langweilig ist, kriegen wir manchmal Streit“, erzählt Marvin. Doch Langeweile haben die Jungs selten. Wenn die Sonne scheint, schwimmen und sonnen sie sich; bei schlechtem Wetter lesen sie oder spielen Brett- und Computerspiele. Nur wenn Felix seekrank ist, muss er auf all das verzichten und sich hinlegen. Besonders schlimm ist es, wenn bei schwerem Wetter die Luken dicht gemacht werden müssen, denn dann wird es stickig unter Deck. Aber als erfahrener Seemann kennt Felix einen Trick: „Ist man anfällig, sollte man schon drei Tage vor dem Segeln (oder vor starkem Seegang) Salami, Tomaten, Spinat, Schokolade und Hartkäse vermeiden und viel Vitamin C zu sich nehmen.“

Familie Fox sind besonders die schlimmen Stürme und die hohen Wellen in den Gewässern des Ärmelkanals vor der französischen Küste in Erinnerung geblieben. Etwas ruhiger geht es rund um die Kapverden zu, einer Inselgruppe vor der Westküste Afrikas. Nur gut, denn das ist nächste Ziel der Familie Fox. Wie die Jungs sich mit all den fremden Menschen verständigen? Zuerst versuchen sie es mit Englisch. So kriegen die Jungs wie nebenbei ganz praktischen Englischunterricht. Aber wenn der Gesprächspartner kein Englisch spricht, geht es auch immer irgendwie mit Händen und Füßen, erzählt Felix lachend.

aus: http://www.geo.de/GEOlino/mensch/58068.html?q=fox,
Text: Dörte Epperlin, Fotos: Marvin und Felix Fox, abgerufen am 11. 3. 2009

10 Jede der folgenden Überschriften passt zu einem Absatz. Setze die Nummer ein.

Alltag auf dem Meer — Absatz: ____________

Die schönsten Erlebnisse auf dem Meer — Absatz: ____________

Abschied von der Heimat — Absatz: ____________

Die Reise geht weiter — Absatz: ____________

Das Meer schweißt zusammen — Absatz: ____________

11 Beantworte folgende Fragen je in einem Satz.

Was vermisst jeder der beiden Söhne (Marvin und Felix) am meisten?

____

____

Wo lebte Familie Fox vor der Weltumseglung?

____

____

Welchen Trick kennt Felix, damit er nicht seekrank wird?

____

____

Welchen Alltag gibt es für die beiden Jungs auf dem Boot?

____

____

Warum haben die Jungs keine Langeweile?

____

____

12 Welche Aussage stimmt dem Text zufolge? Kreuze an.

☐ Die Familie konnte am Morgen beim Wetterleuchten Delfine beobachten.

☐ Die Familie konnte nachts beim Meeresleuchten Delfine beobachten.

☐ Die Familie konnte am Tag bei Sonnenschein Delfine beobachten.

13 Kreuze an, ob die Aussagen dem Text zufolge richtig, falsch oder nicht enthalten sind.

	richtig	falsch	nicht enthalten
Familie Fox ist mit einem Schnellboot unterwegs.	☐	☐	☐
Erlebnisse vor der japanischen Küste blieben den Passagieren in Erinnerung.	☐	☐	☐
Die Großeltern der beiden Mädchen machten einen Besuch auf dem Traumschiff.	☐	☐	☐
Der Katamaran heißt „Hermann Heinrich“.	☐	☐	☐
Die Eltern von Marvin und Felix unterrichten ihre Kinder nicht in Latein.	☐	☐	☐
Wale und Pinguine schwimmen beständig um das herrliche Segelschiff herum.	☐	☐	☐

14 Die fettgedruckten Wörter ersetzen Nomen (Namenwörter), die im Text vorkommen. Schreibe diese in die Zeile.

a Das war für **sie** besonders schwer.

Das war für ______________________________ besonders schwer.

b Aber ganz so einsam, wie man sich **es** vorstellt, ist es dann doch nicht.

Aber ganz so einsam, wie man sich ______________________________ vorstellt, ist es dann doch nicht.

c Nachmittags wird gemeinsam das Deck geschrubbt, damit **sie** den Dreck abends nicht mit in die Kojen nehmen.

Nachmittags wird gemeinsam das Deck geschrubbt, damit ______________________________ den Dreck abends nicht mit in die Kojen nehmen.

Diktat

15 Höre dir Diktat 6 „Im Ballon ins Kinderland“ auf CD an und schreibe es auf ein extra Blatt.

Lernzielkontrollen – Tipps zum Üben

Der dritte Teil „Lernzielkontrollen“ enthält 11 Tests, mit denen Sie überprüfen können, wie sicher Ihr Kind im Stoff des 4. Schuljahrs ist. Zu jedem Test gibt es Auswertungshilfen.

Lernbereiche

- Alle von den Kultusministerien geforderten Kompetenzbereiche sind vertreten: Sprache untersuchen (LZK 1 bis 4), Leseverstehen (LZK 5 und 6), Rechtschreibung (LZK 7 und 8) sowie Texte verfassen (LZK 9 bis 11).
- LZK 7 und 8 enthalten jeweils ein Diktat. Die Diktate und die Nacherzählung von LZK 10 können Sie von der beiliegenden CD einspielen (Track 7 bis 9).

Art der Aufgaben

- Die Aufgaben erfordern ein zunehmend freieres Arbeiten: Ab dem 9. Test soll Ihr Kind selbstständig Texte verfassen und dabei nach Möglichkeit auf die richtige Anwendung der in der 4. Klasse erarbeiteten sprachlichen Strukturen achten.

Richtiges Üben

- Ihr Kind sollte die Tests erst dann machen, wenn der entsprechende Stoff im Unterricht behandelt worden ist.
- Wenn Ihr Kind die Tests mit Bleistift ausfüllt, kann es seine Lösungen ausradieren und den jeweiligen Test zu einem späteren Zeitpunkt wiederholen.
- Normgerechtes Schreiben erfordert viel Übung, damit sich Routine entwickeln kann. Lassen Sie Ihr Kind Übungswörter sammeln (z. B. Wörter, die es immer wieder falsch schreibt oder die die Lehrerin als wiederholte Fehler nennt). Wie will Ihr Kind die Wörter üben? Vielleicht hilft es, sie in einem hübschen Kästchen zu sammeln und mit selbst gemalten Bildern zu verzieren.
- Auch Fremdwörter können (in der korrekten Schreibweise) gesammelt werden: z. B. *das Baguette, die Inlineskates, googeln* oder *out.*
- Wenn Ihr Kind unsicher ist, wie man ein Wort schreibt, lassen Sie es in einem Wörterbuch nachschlagen oder im Internet recherchieren.

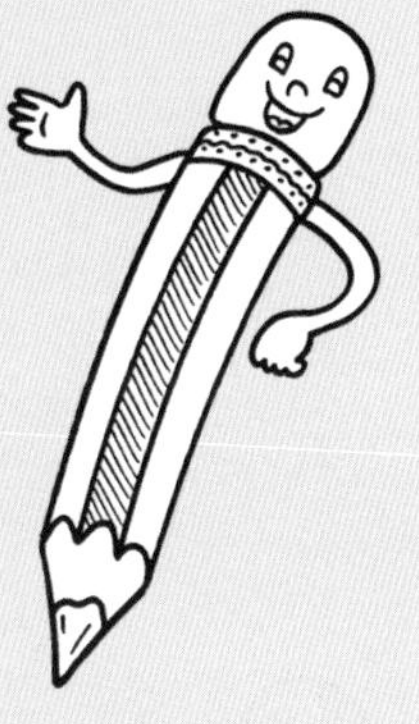

Bewertung

- In dem Infokasten am Beginn jeder LZK ist angegeben, in welchem Zeitrahmen Ihr Kind die Aufgaben bewältigen sollte.
- Für die Auswertung der Tests finden Sie neben jeder Aufgabenstellung Punktwerte in kleiner Schrift (z. B. /13,5). Ihr Kind sollte die Punktzahlen jeder Lernzielkontrolle selbst addieren und entsprechend dem Notenschlüssel am Ende sein Ergebnis ermitteln.

Lernzielkontrolle 1

Sprache untersuchen: lateinische und deutsche Bezeichnung der Wortarten zuordnen; Vor- und Nachsilben erkennen; Wortarten bestimmen und umwandeln; Wortfamilien ergänzen; zusammengesetzte Wörter zerlegen

Zeit: ca. 40 Minuten

1 Male die Körperteile des Fischs in der richtigen Farbe aus:
Nomen (Namenwörter) blau, Verben (Tunwörter) rot, Adjektive (Wiewörter) grün, Pronomen (Fürwörter) lila und Artikel (Begleiter) gelb. /5,5

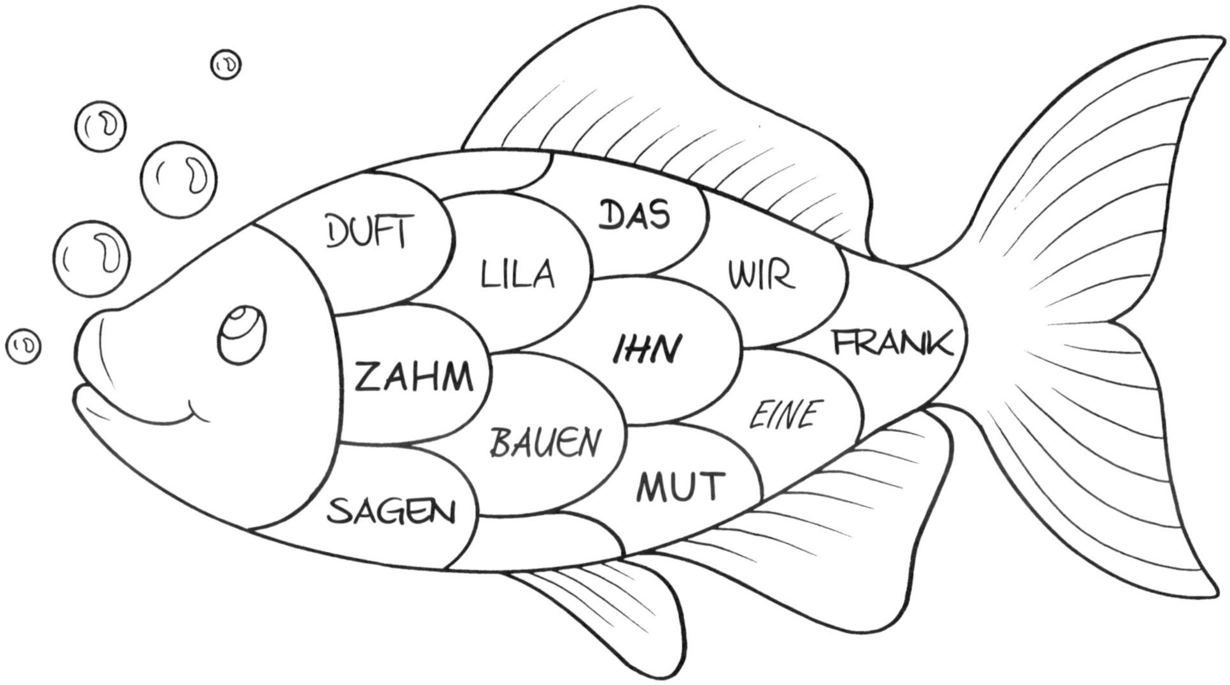

2 Bestimme die unterstrichenen Wortarten. /4

Die aufgeregten Schüler kommen voller Erwartungen zur ersten Übungsstunde, in der sie gleich ihre ersten Fahrradrunden drehen.

die = ______________________ ______________________

______________________ ______________________

______________________ ______________________

______________________ ______________________

A B C D E

3 Ergänze die Tabelle mit Wörtern aus der gleichen Wortfamilie.
Achte dabei auf die Groß- und Kleinschreibung! /15

Nomen (Namenwort) (mit Artikel/Begleiter)	Verb (Tunwort)	Adjektiv (Wiewort)	zusammengesetztes Nomen (mit Artikel)
die Wärme			
	schließen		
		salzig	
der Fluss			
			das Schlafzimmer

4 Wandle folgende Nomen (Namenwörter) mithilfe von passenden Nachsilben in Adjektive (Wiewörter) um.
Kreise die Nachsilben ein. /5

Mut	Regen	Trauer	Glück	Freund

5 Verbinde die deutsche Bezeichnung jeweils mit der passenden lateinischen. /3

Namenwort	Pronomen
Wiewort	Adjektiv
Begleiter	Nomen
Tunwort	Artikel
Fürwort	Singular
Einzahl	Verb

6 Kreise alle Vorsilben, die du findest, schwarz und alle Nachsilben braun ein. /5,5

Gesundheit
Gewässer
Finsternis
schrecklich
Vorfahrt
Kreuzung
Pflanze
Verschwiegenheit
besorgen
entlaufen
Wachsamkeit

7 Zerlege die zusammengesetzten Wörter in ihre einzelnen Teile. Schreibe jeweils in Klammern die Wortart. /6

Wolkenhimmel:

__________ (__________) + __________ (__________)

kugelrund:

__________ (__________) + __________ (__________)

Rennbahn:

__________ (__________) + __________ (__________)

8 Lies das Wort. Bestimme die Wortart. Schreibe einen Beweis für die Wortart daneben. /2

einsam __________ Wortart __________ Beweis

weglaufen __________ Wortart __________ Beweis

Notenschlüssel:

1	2	3	4	5	6
46–42,5	42–36	35,5–28,5	28–18,5	18–9	8,5–0

Ich habe ________ Minuten gebraucht.

Ich habe ________ Punkte erreicht.

Note: ________

Lernzielkontrolle 2

Sprache untersuchen:
Nomen (Namenwörter) zusammensetzen; Subjekt (Satzgegenstand) und Prädikat (Satzaussage) erkennen; Vor- und Nachsilben nutzen; Wortarten umwandeln; Wortfamilien ergänzen; Wortfeld ergänzen
Zeit: ca. 40 Minuten

1 Lies den Text.
Unterstreiche in jedem Satz das Subjekt (Satzgegenstand) blau, das Prädikat (Satzaussage) rot.
Vergiss nicht, dass Prädikate auch aus zwei Teilen bestehen können! /3

Tobias möchte seinen Freund Simon in der Gartenstraße besuchen. Sein neues Fahrrad lehnt er an einen Eichenstamm. Nach einer halben Stunde kommt Simon mit Tobias zurück.

2 Schreibe jedes Wort mit drei verschiedenen Vorsilben auf, sodass sinnvolle Wörter entstehen. /4,5

fließen ______ ______ ______

stimmen ______ ______ ______

Fahrt ______ ______ ______

3 Zaubere mit den Nachsilben **-ig** und **-lich** aus den Verben (Tunwörtern) und Nomen (Namenwörtern) Adjektive (Wiewörter). /6

nützen ______ richten ______

Schmutz ______ Natur ______

Ruhe ______ Ende ______

4 Verändere die Wortart.
Schreibe die Wörter aus der gleichen Wortfamilie richtig in die Tabelle. /8

Nomen (Namenwort)	Verb (Tunwort)	Adjektiv (Wiewort)
		schrecklich
	verwüsten	
die Erzählung		
	zerbrechen	

5 Zaubere aus den Verben (Tunwörtern) und Adjektiven (Wiewörtern) Nomen (Namenwörter). /7

erinnern
trocken
verpacken
hell
sauber
sammeln
traurig

-heit
-keit
-ung

____
____
____
____
____
____
____

6 Setze die Nomen (Namenwörter) so zusammen, dass immer zwei gleiche Konsonanten (Mitlaute) zusammentreffen. /4

Kiefern
Himbeer
Regen
Nadel
Baum
Ranke
Blätter
Laub

____
____
____
____

7 Ergänze den Lückentext. /2

Mit den Nachsilben -ung, -heit und -keit kann ich aus Wörtern folgende Wortart bilden:

______________________.

Mit ______________________ kann ich die Bedeutung eines Wortes verändern, zum Beispiel **weg**fahren oder **hin**fahren.

8 Schreibe fünf Wörter auf, die zum Wortfeld „gehen" gehören. /2,5

____
____

Notenschlüssel:

1	2	3	4	5	6
37–34	33,5–29	28,5–23	22,5–15	14,5–7,5	7–0

Ich habe __________ Minuten gebraucht.
Ich habe __________ Punkte erreicht.
Note: __________

Lernzielkontrolle 3

Sprache untersuchen: Fälle bestimmen und bilden; Satzglieder finden und umstellen; Wortarten bestimmen; Wörter nach grammatikalischen Kriterien aussortieren; wörtliche Rede bilden; Zeitstufen bilden

Zeit: ca. 40 Minuten

1 Bestimme die Wortart. Schreibe die lateinische Bezeichnung richtig unter das Wort. /2,5

Blitzschnell verschlingt sie die Beute.

____ ____ ____ ____ ____

2 Schreibe die Sätze in wörtlicher Rede, den ersten mit vorangestelltem Begleitsatz, den zweiten mit nachgestelltem Begleitsatz. /4

Der Regenwaldforscher fragt, wer sein Mikroskop gesehen hat.

____

Er mahnt den Gehilfen, dass er es ihm bitte sofort zurückbringen soll.

____

____

3 Bestimme die Fälle der unterstrichenen Wörter und schreibe die Fallnummer dahinter. /7

Der Forscher (____ Fall) erwartet ein Paket (____ Fall) seines Forschungslabors (____ Fall). Stattdessen erhält er (____ Fall) einen Brief (____ Fall) von seinem Chef (____ Fall).

Den Brief (____ Fall) öffnet der Mann (____ Fall) nicht, sondern er gibt ihn seinem Gehilfen (____ Fall). Seinem Team (____ Fall) gegenüber erklärt er, er müsse sich jetzt noch etwas ausruhen. Seine Leute erzählen sich nun spannende Dschungelgeschichten (____ Fall). Die lustigen Witze (____ Fall) des Gehilfen (____ Fall) bringen die Leute (____ Fall) zum Lachen.

4 Rahme die Satzglieder ein und stelle den Satz einmal um. Schreibe ihn auf. /2,5

Sein gesprenkeltes Fell tarnt den Leoparden im dichten Dschungel.

____

____

5 Ergänze folgende Zeiten-Tabelle. /8

Präsens (Gegenwart)	Präteritum (1. Vergangenheit)	Perfekt (2. Vergangenheit)
es	es fraß	es
er	er	er hat gesehen
ich komme	ich	ich
wir ziehen	wir	wir

6 Ein Feld in jeder Zeile passt nicht dazu. Streiche es durch. /4

Messer	Löffel	Teller	Gabel
er lief	er blieb	er malt	er trank
Verkehr	Verb	Verlust	Vermerk
grinsen	lachen	lächeln	sehen

7 Unterstreiche in den folgenden Sätzen das Subjekt (Satzgegenstand) immer blau und das Prädikat (Satzaussage) rot. /4

Eines Tages kam ein fremdes Tier im Regenwald an.

Häufig sah man es auf hohen Bäumen.

Der Tukan und der Affe wollten das Wesen kennenlernen.

Sie versteckten sich hinter einem Baum.

8 Erkennst du die Satzglieder? Male in der richtigen Farbe aus. /6

1. Fall = blau	2. Fall = lila	3. Fall = braun	4. Fall = grün

Da rannte [der Anführer der Affengruppe] weg.

Das Kapuzineräffchen gab [seinem kleinen Bruder] [ein Stück Papaya.]

Die Papaya [des Bruders] schmeckte [ihm] köstlich.

Die Affenbande tobte [durch die alte Ruine] im Dschungel.

9 Schreibe zu jedem Bild einen Satz.
Das Wort „Mädchen" soll in jedem Satz in einem anderen Fall stehen. /4

Notenschlüssel:

1	2	3	4	5	6
42–38,5	38–33	32,5–26	25,5–17	16,5–8,5	8–0

Ich habe ________ Minuten gebraucht.

Ich habe ________ Punkte erreicht.

Note: ________

Lernzielkontrolle 4

Sprache untersuchen: Bindewörter (Konjunktionen) einsetzen; Fälle bestimmen; Orts- und Zeitangaben finden; Satzarten bilden; Satzglieder finden; Vergleichsstufen bilden; Vergleiche vervollständigen; Wortarten bestimmen; Zeitstufen bilden und erkennen

Zeit: ca. 40 Minuten

1 Lies den Text.

Vor langer Zeit hatte man es in der schönen Stadt Köln am Rhein sehr gut. Denn zu vielen Handwerksleuten schlichen nachts die Heinzelmännchen und erledigten für Meister und Gesellen deren Arbeit. In den Morgenstunden hatten die treuen Helfer die Arbeit bereits zu Ende gebracht. Da streute die neugierige Frau des Schneiders in einer Nacht Erbsen auf den Boden, sodass die lieben Männchen erschrocken darauf ausrutschten. Schnell sprang die Schneidersfrau hinzu. Da verschwanden die Heinzelmännchen – husch, husch! – für immer.

a In welcher Zeitstufe steht die Geschichte (lat. Bezeichnung)? /0,5

b Rahme ein: alle Ortsangaben orange und alle Zeitangaben lila. /5

2 Setze folgenden Satz ins Präsens (Gegenwart), ins Perfekt (2. Vergangenheit) und ins Futur (Zukunft). /6

Auch dem Schneider dienten die Heinzelmännchen.

3 Bilde aus dem ersten Satz einen Fragesatz und aus dem zweiten Satz einen Aussagesatz.

Sie kamen in der Nacht zu den Handwerksleuten. /2

Verschwanden die Heinzelmännchen für immer? /2

4 Bestimme die Fälle der unterstrichenen Satzglieder. /4,5

Denn zu vielen Handwerksleuten (______ Fall) kamen nachts die Heinzelmännchen (______ Fall). Bereits in den Morgenstunden hatten die treuen Helfer (______ Fall) die Arbeit (______ Fall) zu Ende gebracht. Auch dem Schneider (______ Fall) dienten sie (______ Fall). Doch die neugierige Frau (______ Fall) des Schneiders (______ Fall) streute in der Nacht Erbsen (______ Fall) auf den Boden.

5 Unterstreiche das Subjekt (Satzgegenstand) blau, das Prädikat (Satzaussage) rot. /1

Dem Bäckermeister haben die braven Heinzelmännchen das Brot gebacken.

6 Bestimme die Wortarten mit den lateinischen Begriffen. /3

Sie	dankten	den	vielen	treuen	Helfern.
______	______	______	______	______	______

7 Entscheide, welches Bindewort einen Sinn ergibt, und setze richtig ein. /3

dass	weil	obwohl	wenn	nachdem	während

Der Schneider stritt mit seiner Frau, ______ sie die Heinzelmännchen verärgert hatte. Er hatte nicht gewusst, ______ sie die Erbsen streuen würde, denn er schlief tief und fest, ______ seine Frau es tat.
Sie weinte, ______ er ihr so viele Vorwürfe gemacht hatte. Er tröstete sie schließlich, ______ er noch immer wütend auf sie war. „Wir müssen nun eben selbst die Arbeit tun, ______ die Heinzelmännchen nicht mehr wieder kommen“, seufzte er traurig.

8 Setze „wie“ oder „als“ richtig ein. /3

Er ist kleiner ______ das Mädchen.
Es ist so groß ______ ein Haus.
Er schnurrt ______ eine Katze.
Die Krallen sind spitzer ______ bei einer Katze.
Das Tuch ist weich ______ Samt.
Im Schullandheim ist man länger ______ einen Tag.

9 Ergänze die Tabelle. /6

Grundform	1. Vergleichsstufe	2. Vergleichsstufe
jung		
	lieber	
		am gesündesten
neu		
	fleißiger	
		am leichtesten

10 Wie könnten die Sätze weitergehen? Denke dir eine passende Ergänzung aus. Schreibe in Klammern darunter, ob die Ergänzung im 3. Fall oder im 4. Fall steht (Dativobjekt oder Akkusativobjekt). /5

Der Junge winkt ______________________________.

(______________________________)

Das Mädchen weckt ______________________________.

(______________________________)

Die Mutter freut sich über ______________________________.

(______________________________)

Der Vater schreibt einen Brief an ______________________________.

(______________________________)

Die Großeltern antworten ______________________________.

(______________________________)

Notenschlüssel:

1	2	3	4	5	6
41–38	47,5–32	31,5–25,5	25–16,5	16–8	7,5–0

Ich habe __________ Minuten gebraucht.

Ich habe __________ Punkte erreicht.

Note: __________

Lernzielkontrolle 5

Leseverstehen: literarischen Text lesen; Informationen gezielt finden, erschließen und teilweise in eigenen Worten wiedergeben; Textstelle mit eigenen Worten ergänzen; Unterschiede und Gemeinsamkeiten in Sätzen finden

Zeit: ca. 45 Minuten

In Eis und Schnee

Gelangweilt starrte Sophie aus dem Fenster. Flocken. Lauter weiße Flocken. Sie schwebten lautlos wie kleine weiße Flugtierchen zur Erde, die die Welt erobern wollten. Und wenn Sophie den verschneiten Garten draußen so betrachtete, dann war ihnen das auch gelungen. Schnee! Berge von Schnee. Seit Tagen schneite es immer wieder.

„Na Sophie, überlegst du schon, was du heute im Schnee draußen spielen wirst?", fragte ihre Mutter. Sophie schaute mürrisch. „Ich mag nicht mehr! Immer nur Schnee, Schnee, Schnee", maulte sie. „Ich will mal wieder Sonne sehen und endlich Frühling in der Luft riechen. Meine ganzen Ferien über nichts als Schnee."

Da klingelte es an der Tür. Sophie sauste hin. Endlich mal eine Abwechslung! Es war Oliver, ihr bester Freund. Er trug seinen blauen Schneeanzug und war warm angezogen. Seine Augen strahlten tatendurstig: „Hallo, kommst du? Wir laufen zum Waldrand. Da liegt so viel Schnee, wir könnten ein Iglu bauen!" „Schon wieder im Schnee spielen ...?", überlegte Sophie. Aber dann gab sie sich einen Ruck. Immer noch besser, als hier zu sitzen und den Flockenflugtierchen beim Landen zuzusehen.

Keine Viertelstunde später lief sie neben Oliver zum Waldrand. Auch sie hatte sich nun warm angezogen. Ihre Mutter hatte ihr extra die dicken Fäustlinge mitgegeben, denn ihre Wollhandschuhe würden beim Iglubauen sicher zu schnell nass werden.

In einiger Entfernung vom Waldrand lag ein kleiner Forellenteich. Von dort hörten sie begeistertes Kinderlachen und Schreie. „Da ist Jan am Teich", erkannte Oliver und lief neugierig in Jans Richtung weiter. „Er schlittert über die Eisfläche!" Sophie lief langsamer. Jan? Der ungehobelte Kerl aus der 5. Klasse? Den konnte sie nun gar nicht leiden! Er stellte immer was an, war schlecht in der Schule und riss blöde Witze. Aber Oliver fand ihn cool. Leider. „Hey, ihr zwei Schneemonster", begrüßte Jan sie schon von Weitem, „das Eis auf dem Teich ist so glatt, die perfekte Rutschbahn!" Erneut nahm er am Teichrand Anlauf und ließ sich dann meterweit auf seinen Schneeschuhen über das Eis gleiten. Mit seinen Armen balancierte er dabei sein Gleichgewicht geschickt aus. „Ich bin der Eissurfer!", brüllte er stolz.

„Wie cool!", schrie Oliver begeistert und nahm auch Anlauf. Noch ehe Sophie etwas sagen oder tun konnte, schlitterte nun auch ihr Freund über das Eis – allerdings weitaus uneleganter als Jan. „Juhuuuuu!", schrie er begeistert und ruderte mit den Armen, als er mit Jan zusammenstieß. Beide plumpsten lachend auf das Eis in der Mitte des Teiches. „Super Action-Einlage, Kleiner!", johlte Jan und wollte gerade aufstehen.

Da, KNIRSCH! Ein Geräusch, das in Sophies Ohren gar nicht gut klang. Das Eis unter den beiden Jungen schien sich wütend zu bewegen. Als wäre es empört über deren respektloses Verhalten. Und da verstand Sophie. „Ihr seid zu schwer! Lauft!", schrie sie.

Auch Oliver und Jan hatten verstanden, dass da was nicht in Ordnung war. Sie rappelten sich auf und liefen los. Das Knirschen wurde lauter. Unter Jans Schritt brach plötzlich das Eis ein, sein Fuß versank im darunter hervorspritzenden Wasser. Jan kreischte entsetzt, als das eisige Wasser durch seine Schuhe drang. Oliver rannte in Panik weiter. Jan versuchte währenddessen, sein Bein aus dem Eisloch zu befreien. Mit einem letzten Sprung erreichte Oliver das Ufer und drehte sich um. Sophie beobachtete fassungslos, wie das Eis um Jans zweites Bein immer dünner wurde und weiter knirschte. „Wir müssen ihm helfen!", rief sie und zog ihren Schal aus. Oliver verstand. Geschickt knoteten sie die beiden Schals zusammen. „Helft mir, ich schaffe es nicht alleine!", jammerte Jan. Nun brach auch sein zweites Bein ein. Er warf sich nach vorne und hielt sich mit den Armen am Eisrand fest, während sein Unterkörper im Wasserloch versank. Oliver warf das Schal-Seil in seine Richtung. „Fang! Wir ziehen dich raus", brüllte er. Jans Hände tasteten hektisch nach dem Schal. Oliver hatte gut gezielt. Langsam und keuchend gelang es ihnen, Jan aus dem Wasser zu ziehen.

Triefend nass und mit Tränen in den Augen saß Jan endlich neben ihnen und zitterte vor Kälte. „Wir müssen sofort ins Warme. Komm, unser Haus ist gleich um die Ecke", drängte ihn Sophie. Gemeinsam machten sie sich auf den Rückweg. „Das Eis w-war einfach z-zu dünn", klapperte Jan mit den Zähnen, „das nächste Mal bin ich vorsichtiger, versprochen!" Oliver und Sophie nickten verständnisvoll. Auch sie hatten nicht nachgedacht und waren zu blauäugig gewesen. „Es ist Zeit, dass der Frühling kommt!", murmelte Sophie und seufzte.

Fragen zum Text

Beantworte bitte ausführlich und in ganzen Sätzen folgende Fragen und löse die Aufgaben.

1 Wie fühlt sich Sophie am Anfang? Schreibe ein passendes Adjektiv (Wiewort) auf. /1

____

2 Warum ist Sophie in dieser Stimmung? Was wünscht sie sich? Erkläre genau. /2

____

____

3 Mit was vergleicht Sophie die fallenden Schneeflocken?
Beschreibe und nenne die Zeile(n) dazu. /2

Zeile(n): __________

____

____

4 Warum ist Sophie nicht in der Schule? /1

____

5 Als Oliver vor der Tür steht, strahlen seine Augen „tatendurstig“.
Erkläre mit deinen eigenen Worten, was „tatendurstig“ bedeutet. /1

____

____

6 Was möchte Oliver mit Sophie im Schnee machen? Lies nach und kreuze an. /1

- ☐ Oliver möchte mit Sophie am Waldrand einen Schneemann bauen.
- ☐ Oliver würde gerne am Teich ein Iglu bauen.
- ☐ Oliver möchte am Waldrand ein Iglu bauen, weil es dort so schön ist.
- ☐ Oliver möchte am Waldrand ein Iglu bauen, weil dort viel Schnee ist.

7 Was weißt du über den Jungen Jan?
Schreibe drei verschiedene Informationen aus dem Text auf. /3

____

____

____

____

____

8 Am Teich treffen die Freunde auf Jan. Verbinde mit zwei verschiedenfarbigen Stiften, wie Oliver und Sophie den Jungen finden. /3

Sophie findet Jan …

Oliver findet Jan …

cool   witzig   dumm   frech   ungehobelt   vorsichtig

9 Sophies Mutter möchte nicht, dass ihre Tochter nur die Wollhandschuhe mitnimmt. Schreibe auf, was sie zu Sophie gesagt haben könnte, um sie zu überreden, die dicken Handschuhe anzuziehen. /1

Die Mutter drückte Sophie die Fäustlinge in die Hand und sagte:

____

____

____

10 Warum nennt sich Jan „Eissurfer"? Erkläre genau. /2

____

____

____

____

11 Suche die richtigen Sätze im Text und vergleiche genau. Kreuze an, was stimmt. /1

- ☐ Das Eis unter den beiden Jungen schien sich wütend zu bewegen. Als wäre es empört über ihr respektloses Verhalten.
- ☐ Das Eis unter den beiden Jungen schien sich wütend zu bewegen. Als wäre es empört über deren respektloses Verhalten.
- ☐ Das Eis unter den beiden Jungen schien sich zu bewegen. Als wäre es empört über deren respektloses Verhalten.

12 Welche Idee rettet Jan das Leben?
Erkläre die Idee und schreibe auch auf, wer sie hatte. /2

____

____

____

Notenschlüssel:

1	2	3	4	5	6
20–18,5	18–15,5	15–12,5	12–8	7,5–4	3,5–0

Ich habe ________ Minuten gebraucht.

Ich habe ________ Punkte erreicht.

Note: ________

Lernzielkontrolle 6

Leseverstehen: Sachtext lesen; Begriff aus dem Text erklären; Informationen gezielt finden, erschließen und teilweise in eigenen Worten wiedergeben; Sätze wortgenau vergleichen; sinngemäß richtige Aussagen erkennen

Zeit: ca. 45 Minuten

Der Regenwald

Rund um den Regenwald erstrecken sich in den immerfeuchten, warmen Regionen beiderseits des Äquators die bedeutendsten Urwälder der Erde – die tropischen Regenwälder. Das hier herrschende Klima ermöglicht das Wachstum des grünen Dschungels: Die Niederschlagsmenge liegt meist bei über 2 000 Millimetern, teilweise sogar bei 10 000 Millimetern im Jahr, und mit Durchschnittstemperaturen um 25 Grad Celsius ist es das ganze Jahr über gleichbleibend warm.

Regenwaldtypen

Der tropische Regenwald wird in verschiedene Typen gegliedert. Man unterscheidet je nach Höhenlage die Mangrovenwälder in Küstennähe, die Tieflandregenwälder und die Bergregenwälder. Charakteristisch ist die Gliederung der Vegetation in mehrere „Stockwerke". Die oberste Etage besteht aus vereinzelt stehenden sehr großen Bäumen, die eine Höhe von 60 Metern erreichen können. Darunter liegt die Kronenregion mit 15 bis 45 Meter hohen Bäumen. Das dichte Blätterdach lässt nur sehr wenig Sonnenlicht (etwa ein Prozent) zum Boden durch. Am Waldboden gedeihen daher vor allem schattenliebende Arten. Viele Pflanzen harren als Samen oder als kleine Sämlinge aus, bis sich ihnen eine Chance zum Wachstum bietet – zum Beispiel wenn ein altersschwacher Urwaldriese stürzt und dabei ein Loch in die dichte Kronendecke reißt.

Artenvielfalt

Die tropischen Regenwälder beherbergen den von allen Ökosystemen größten Reichtum an Tier- und Pflanzenarten. Gründe für diese Vielfalt sind das hohe Alter dieser Lebensräume, das gleichmäßige Klima und die „Stockwerke" der Wälder. In den vielen verschiedenen ökologischen Nischen finden entsprechend viele unterschiedliche Tier- und Pflanzenarten Platz. Während die Zahl der Arten sehr groß ist, ist die Zahl der Individuen einer Art eher klein. Alle Bewohner des Regenwaldes müssen sich spezialisieren, um nicht im grünen Dickicht unterzugehen. Vor allem Licht und Nährstoffe sind hier Mangelware. Daher gibt es unter den Pflanzen viele Kletterkünstler, wie Lianen und Winden. Auch viele Blumen und Farne wachsen auf großen Bäumen, um ans Licht zu gelangen. Die Nährstoffe nehmen sie meist aus dem Regenwasser auf. Solche Aufsitzerpflanzen werden als Epiphyten bezeichnet. Viele Urwaldbäume verfügen über sogenannte Stützwurzeln. Sie wurzeln an oder dicht unter der Oberfläche, um so besser an die wenigen Nährstoffe zu gelangen. Halt geben ihnen die zum Stamm hin brettartig verbreiterten Wurzeln.

Die Würgefeigen haben sich etwas Besonderes einfallen lassen: Ihre Samen keimen auf den Ästen großer Bäume. Von dort aus wachsen die langen Wurzeln am Stamm entlang abwärts, bis sie sich im Boden verankern können. Nach und nach wird der Wirtsbaum immer enger umschlossen, quasi erwürgt, bis er schließlich abstirbt.

Quelle: Susanne Wagner: Regenwald. Sendung: Naturparadies Borneo (08.06.2010) © SWR, www.planet-wissen.de

Fragen zum Text

Beantworte bitte ausführlich und in ganzen Sätzen folgende Fragen und löse die Aufgaben.

1 In welche drei Typen wird der tropische Regenwald gegliedert? /3

____

____

____

2 Nenne zwei Adjektive (Wiewörter), die beschreiben, wie das Klima im Regenwald ist. /3

- ______________________________ Zeile(n): __________
- ______________________________ Zeile(n): __________

3 Welcher der drei Sätze steht genau so im Text? Lies genau nach und kreuze an. /1

- ☐ Das dichte Blätterdach lässt nur wenig Sonnenlicht (etwa ein Prozent) zum Boden durch.
- ☐ Das dichte Blätterwerk lässt nur sehr wenig Sonnenlicht (etwa ein Prozent) zum Boden durch.
- ☐ Das dichte Blätterdach lässt nur sehr wenig Sonnenlicht (etwa ein Prozent) zum Boden durch.

4 Suche im Text ein anderes Wort für „wachsen“. Schreibe es auf und nenne auch die Zeile. /1,5

______________________________ Zeile: __________

5 Welche „Stockwerke“ gibt es im Regenwald? Erkläre genau. /3

____

____

____

____

____

6 Was erschwert manchen Regenwaldpflanzen das schnelle Wachsen? /2

____

____

____

7 Welche zwei Pflanzen werden im Text als Kletterkünstler genannt?
Schreibe sie auf und nenne auch die jeweilige(n) Zeile(n). /3

- ______________________ Zeile(n): ________
- ______________________ Zeile(n): ________

8 Woher haben Würgefeigen ihren Namen?
Versuche, in eigenen Worten zu erklären, und schreibe nicht nur den Textabschnitt ab. /2

____

____

____

9 Kreuze die sinngemäß richtige(n) Aussage(n) an. Lies dazu genau nach. /2

☐ Im Regenwald gibt es unter den Pflanzen viele Kletterkünstler.

☐ Ein Grund für die Vielfalt in den Regenwäldern ist das Sterben der Urwaldriesen.

☐ Die Zahl der Individuen einer Art ist im Regenwald groß, die Anzahl der Arten jedoch gering.

☐ Im mittleren Stockwerk der Regenwälder wachsen 15 bis 45 Meter hohe Bäume.

10 Nenne ein anderes Wort aus dem Text für „Epiphyt“. /1,5

Epiphyt = ______________________ Zeile(n): ________

11 Was meint der Begriff „Vegetation“ in Zeile 10? Erkläre. /2

____

____

Notenschlüssel:

1	2	3	4	5	6
24–22,5	22–19	18,5–15	14,5–9,5	9–5	4,5–0

Ich habe ________ Minuten gebraucht.

Ich habe ________ Punkte erreicht.

Note: ________

Lernzielkontrolle 7

Rechtschreibung: Diktat schreiben; eigenen Satz aus Lernwörtern bilden; Groß- und Kleinschreibung anwenden; Rätsel zu Lernwörtern lösen; Wortfamilien ergänzen; Wörter in die Grundform setzen, ihrer Wortart zuordnen und richtig schreiben

Zeit: ca. 45 Minuten

Fahrrad fahren

Ein **Polizist** steht im Klassenzimmer. „**Fahrrad fahren** kann **schnell gefährlich** werden", erklärt er. Die Kinder wissen das. „Im **Straßenverkehr** müssen wir auf Fußgänger achten und die **Verkehrszeichen** kennen. Manche Schilder sind auch **Verbote**", meldet sich Tom zu Wort. Der Polizist nickt. „Ihr müsst immer damit rechnen, dass andere eure **Fahrbahn kreuzen**, auch wenn sie nicht **Vorfahrt** haben. Beobachtet deswegen den Verkehr genau. Nehmt besonders **Rücksicht**, wenn alte Leute oder Kinder die Straße **überqueren**. Auch wenn es **verboten** ist, **gehen** sie manchmal über **Kreuzungen**, an denen keine Fußgänger**ampel** ist."

„Unser Fahrrad sollte auch verkehrssicher sein", weiß Sarah. „Es braucht nicht nur einen bequemen **Sattel**, eine funktionierende **Rückleuchte** und **Pedale**, sondern auch eine helle **Klingel**." Der Polizist freut sich über die schlauen Kinder. „Passt auf da **draußen**! Fahrrad fahren ist nicht so einfach, wie man denkt."

1 Schreibe die dick gedruckten Lernwörter in die richtige Spalte. /11

Nomen (Namenwörter) mit Artikel/Begleiter in der Einzahl	Verben (Tunwörter) Grundform (Infinitiv)	Adjektive (Wiewörter) Grundform
		sonstige Wörter

2 Wortfamilien können dir bei der Rechtschreibung oft helfen! Bilde aus den Lernwörtern verschiedene Wortarten. (Manchmal brauchst du dafür Vorsilben oder Nachsilben.) /12

Nomen (Namenwort) mit Artikel/Begleiter	**Verb (Tunwort)**	**Adjektiv (Wiewort)**
die Leuchte		
	verbieten	
		gekreuzt
die Gefahr		
	herausschnellen	
		verkehrsgünstig

3 Die Wörter wurden zerschnitten. Setze aus den Silben die Lernwörter zusammen und schreibe sie auf. Schreibe so: er - le - ben /2,5

Pe	que	ße	Vor	über	le
ren	fahrt	Ver	da	Stra	bot

4 Welches Lernwort ist gemeint? Achte auf die Groß- und Kleinschreibung! /3

Gegenteil von langsam:			8							
Darauf sitzt du beim Radeln:	1	6		5		2	7			
Über die Straße gehen:				4						
Sie schaltet von Grün auf Gelb und Rot:		11		9						
Adjektiv zu Gefahr:					3		10			

Das Lösungswort heißt:

1	2	3	4	5	6	7	8	9	10	11

5 Bilde einen Satz, in dem das Lösungswort von Aufgabe 4 und mindestens ein Wort aus der Tabelle von Aufgabe 1 vorkommt. /2

6 Großer oder kleiner Anfangsbuchstabe? Setze richtig ein.
Achte auf Substantivierungen! /3,5

Nach meiner ___ahrradprüfung ___ahre ich mit dem ___ahrrad

in die Schule. Vor allem beim ___bbiegen muss ich sehr aufpassen!

Wenn ich ___bbiege, strecke ich meinen Arm aus,

___amit andere Verkehrsteilnehmer wissen,

in welche ___ichtung ich fahren möchte.

7 **Diktat**

Lasse dir das Diktat Nr. 7 von der CD diktieren und schreibe es auf.

Notenschlüssel: (erster Teil: Punkte aus Aufgabe 1 bis 6, zweiter Teil: Fehler im Diktat)

1	2	3	4	5	6
34–31,5	31–26,5	26–21	20,5–13,5	13–7	6,5–0
1	1,5–4	4,5–7	7,5–10	10,5–13	ab 13,5

Ich habe ________ Minuten gebraucht.

1. Teil: ______ Punkte, das ist die Note ______.

2. Teil: ______ Fehler, das ist die Note ______.

Gesamtnote: ________

Lernzielkontrolle 8

Rechtschreibung: Diktat schreiben; richtige Schreibweise auswählen; ss oder ß richtig einsetzen; V/v oder F/f richtig einsetzen; Wortfamilien ergänzen; Wörter in die Grundform setzen, ihrer Wortart zuordnen und richtig schreiben; Wörter in Silben zerlegen

Zeit: ca. 45 Minuten

Am See

Unter einer **Kiefer**, aus einem Felsen, entspringt eine kleine **Quelle**. Da rührt sich etwas: Ein **Fuchs kriecht** ans Wasser und trinkt. Das **feuchte** Nass tut gut, nachdem er in einen alten Pilz **gebissen** und ihn dann doch nicht **gefressen** hat. Hasen **schmecken** ihm da wirklich besser!

Das Wasser der Quelle **fließt** weiter ins Tal, wird zum **Fluss** und mündet dann in einen **See**. Hier kann man prima **schwimmen**. Am Ufer pflückt Steffi Blumen am **Stiel**, um sie in eine **Vase** zu stellen. **Schließlich** macht sie sich **bereit**, um nach Hause zu radeln. „Dort **mixe** ich mir einen Erdbeer-Shake!", träumt Steffi, **während** sie auf ihrem Rad sitzt. Sie merkt nicht, wie das Wetter **wechselt**: dunkle Wolken, schwüle Luft … da, der erste **Blitz**! „Gleich **gießt** es wie aus Eimern!", denkt Steffi ängstlich und wendet ihren **Blick** vom Himmel ab. Sie saust über die **Brücke**. Es beginnt zu schütten, Steffi läuft die **Flüssigkeit** nicht **bloß** übers Gesicht, sondern auch in die Kleidung. Zu Hause ruft Steffis Mama entsetzt: „Oje, du bist ja **vollständig** nass und voller **Schmutz**! Heute gehst du nicht mehr hinaus!" Steffi nickt. „Vielleicht ist ein heißer Tee jetzt hilfreicher als ein Erdbeer-Shake", murmelt sie leise.

1 Schreibe die dick gedruckten Lernwörter in die richtige Spalte. /13,5

Nomen (Namenwörter) mit Artikel/Begleiter in der Einzahl	**Verben (Tunwörter)** Grundform (Infinitiv)	**Adjektive (Wiewörter)** Grundform
		sonstige Wörter

2 V/v oder F/f? Setze den richtigen Buchstaben in die Lücke ein. /6

___uchsschwanz ___ollwertig ___ell

___orderreifen O___en ___ogelscheuche

3 Wortfamilien können dir bei der Rechtschreibung oft helfen!
Bilde aus den Lernwörtern verschiedene Wortarten. (Manchmal brauchst du dafür Vorsilben oder Nachsilben.) /12

Nomen (Namenwort) mit Artikel/Begleiter	Verb (Tunwort)	Adjektiv (Wiewort)
		verschwommen
	befeuchten	
der Schmutz		
		wechselseitig
	fressen	
die Flüssigkeit		

4 ss oder ß? Vervollständige die Lücken. /8

Nachdem es wie aus Eimern gego___en hatte, schwoll der Flu___ schnell an.

Das flü___ige Na___ des Regengu___es war unverge___lich.

Die Nilpferde ri___en sich darum, im frischen Wasser zu baden.

Dabei verga___en sie sogar, zu fressen.

5 Zerlege die Wörter in ihre Silben. Schreibe so: *er - le - ben* /2,5

Feuchtigkeit – ___

wechseln – ___

Blitz – ___

beißen – ___

vollständig – ___

6 Welche Schreibweise ist richtig? Kreuze an. /3

Moos ☐ Mohs ☐ Los ☐ Lohs ☐

Boht ☐ Boot ☐ Draat ☐ Draht ☐

quälen ☐ quählen ☐ Stuhl ☐ Stuul ☐

7 Diktat

Lasse dir das Diktat Nr. 8 von der CD diktieren und schreibe es auf.

Notenschlüssel: (erster Teil: Punkte aus Aufgabe 1 bis 6, zweiter Teil: Fehler im Diktat)

1	2	3	4	5	6
45–41,5	41–35	34,5–28	27,5–18	17,5–9	8,5–0
1	1,5–4	4,5–7	7,5–10	10,5–13	ab 13,5

Ich habe ________ Minuten gebraucht.

1. Teil: ______ Punkte, das ist die Note ______.

2. Teil: ______ Fehler, das ist die Note ______.

Gesamtnote: ________

Lernzielkontrolle 9

Texte verfassen:
mit Stichpunkten arbeiten; eine Bildergeschichte schreiben (Überschrift, Einleitung, Hauptteil, Schluss)

Zeit: ca. 50 Minuten

© aus „Der kleine Herr Jakob“ von Hans Jürgen Press, Beltz & Gelberg Verlag

1 Schau dir die Bilder der Reihe nach ganz genau an. Achte dabei auch auf Kleinigkeiten! Schreibe dir unter jedes Bild Stichpunkte, die du später in deiner Bildergeschichte verwenden möchtest. /4

2 Schreibe nun deinen Aufsatz. /46
- Denke an eine gelungene Einleitung,
- einen spannenden Hauptteil,
- einen abrundenden Schluss,
- und an eine treffende Überschrift.

Notenschlüssel:

1	2	3	4	5	6
50–46	45,5–39	38,5–31	30,5–20	19,5–10	9,5–0

Ich habe ________ Minuten gebraucht.

Ich habe ________ Punkte erreicht.

Note: ________

Lernzielkontrolle 10

Texte verfassen:
mit Stichpunkten arbeiten; eine Nacherzählung schreiben (Überschrift, Einleitung, Hauptteil, Schluss)

Zeit: ca. 60 Minuten

1 Nacherzählung

Höre dir auf der CD den Text „Der Adler und der Sperling“ (Track 9) an.
(Ein Sperling ist ein Spatz, also ein kleiner Vogel.)
Schreibe dir während des Hörens Stichpunkte auf, die du später für deine Nacherzählung nutzen wirst. /1

2

Schreibe nun deine Nacherzählung.

- Denke an die **richtige zeitliche Reihenfolge**,
- **abwechslungsreiche Satzanfänge**,
- die **richtige Zeitstufe** und
- achte auf das **genaue** Erzählen der Ereignisse. /44

Notenschlüssel:

1	2	3	4	5	6
45–41,5	41–35	34,5–28	27,5–18	17,5–9	8,5–0

Ich habe ________ Minuten gebraucht.

Ich habe ________ Punkte erreicht.

Note: ________

Lernzielkontrolle 11

Texte verfassen:
mit Stichpunkten arbeiten; eine spannende Reizwortgeschichte schreiben (Überschrift, Einleitung, Hauptteil, Schluss)

Zeit: ca. 40 Minuten

Diese drei Reizwörter müssen in deiner Geschichte vorkommen:

Schwimmbad **Fünfmeterbrett** **Angst**

1 Schreibe hier deine Aufsatzideen in Stichpunkten auf. /1

2 Schreibe nun einen spannenden Aufsatz.
- Denke an eine gelungene Einleitung,
- einen spannenden Hauptteil,
- einen abrundenden Schluss
- und an eine treffende Überschrift.

Vergiss nicht, deine Geschichte mit **schönen Satzanfängen, Adjektiven** (Wiewörtern), treffenden **Verben** (Tunwörtern) und **wörtlichen Reden** zu gestalten und im **Präteritum** (1. Vergangenheit) zu schreiben. /45

Notenschlüssel:

1	2	3	4	5	6
46–42,5	42–36	35,5–28,5	28–18,5	18–9	8,5–0

Ich habe ________ Minuten gebraucht.

Ich habe ________ Punkte erreicht.

Note: ________

Erfolgreich durch die Grundschule mit den STARK-Reihen

Biberleicht lernen

Die „Biberleicht“-Hefte bereiten optimal auf die Schule vor.

Training

Infokästen wiederholen Grundlagen und vielfältige Aufgaben motivieren zum Üben.

Lernzielkontrollen

Authentische Lerzielkontrollen zur Überprüfung der wichtigsten Inhalte des jeweiligen Schuljahres.

VERA 3

Abwechslungsreiches Trainingsmaterial zur Vorbereitung auf die bundesweiten Vergleichsarbeiten in der 3. Klasse.

Training Übertritt

Zur Vorbereitung auf den Probeunterricht und die Aufnahmeprüfung an weiterführenden Schulen.

Und vieles mehr auf www.stark-verlag.de

(Bitte blättern Sie um)

Für einen guten Start in der weiterführenden Schule

Training Unterstufe

Unterrichtsrelevantes Wissen schülergerecht präsentiert. Übungsaufgaben mit Lösungen sichern den Lernerfolg.

STARK in Klassenarbeiten

Schülergerechtes Training wichtiger Themenbereiche für mehr Lernerfolg und bessere Noten.

Klassenarbeiten

Praxisnahe Übungen für eine gezielte Vorbereitung auf Klassenarbeiten.

Kompakt-Wissen

Kompakte Darstellung des wichtigen Wissens zum schnellen Nachschlagen und Wiederholen.

Lektüren

Spannende Geschichten, sprachlich den Kenntnissen der jeweiligen Klassenstufe angepasst.

Und vieles mehr auf www.stark-verlag.de

Bestellungen bitte direkt an:

STARK Verlagsgesellschaft mbH & Co. KG · Postfach 1852 · 85318 Freising
Tel. 0180 3 179000* · Fax 0180 3 179001* · www.stark-verlag.de · info@stark-verlag.de
*9 Cent pro Min. aus dem deutschen Festnetz, Mobilfunk bis 42 Cent pro Min.
Aus dem Mobilfunknetz wählen Sie die Festnetznummer: 08167 9573-0

Lernen · Wissen · Zukunft
STARK

24-V_GS